DAS BESTE KOCHBUCH
DER
GRIECHISCHEN KÜCHE

von

CHRISSA PARADISSIS

Efstathiadis Group S.A.
Agiou Athanasiou Straße,
GR - 145 65 Anixi, Attikis

ISBN 960 226 116 1

Gedruckt und gebunden in Griechenland durch Efstathiadis Group AG.

INHALTS-VERZEICHNIS

DIE GRIECHISCHE KÜCHE

Was bedeutet der Ausdruck «griechische Küche»? Gibt es überhaupt eine griechische Küche? Besteht eine alte, ursprünglich griechische Art, Speisen zuzubereiten, die nicht von den Nachbar-Ländern Türkei und Italian übernommen wurde und die nicht unter deren Einfluss steht? Da griechische Rezepte oft türkische Namen tragen und wegen der Ähnlichkeit, welche griechische Speisen (insbesondere der griechischen Inseln) mit denjenigen von Italien aufweisen, haben gewisse Gastronom-Experten behauptet, dass es eine ursprüngliche griechische Küche nicht gibt.

Aus diesen Gründen haben viele dieser sogenannten Experten die griechische Küche mit einem Federstrich von ihren Listen gestrichen. War dies gerechtfertigt?

Wir bestehen kategorisch auf das Gegenteil. Die griechische Küche und ihre Traditionen sind unter den ältesten der Welt einzureihen. Das Herkunftsland ist Griechenland und in Wirklichkeit waren es die Türken, die Italiener und die Europäer, welche diese Küche übernommen haben, als sie mit den Griechen in Berührung kamen. Die Ausländer haben sich die griechische Zubereitungsart der Speisen angeeignet und diese ihrem eigenen Landesbrauch angepasst, um sie sodann als ihre eigenen National-Speisen zu erklären. All dies geschah vor sehr langer Zeit.

Die griechische Küche ist uralt und nimmt den ersten Rang in der europäischen Küche ein, sowohl im Hinblick auf die Tradition, wie auf die Güte. Sie ist älter als 25 Jahrhunderte. Als die primitiven Einwohner Europas das Kochen, ausser gebratenem Fleisch, überhaupt noch nicht kannten, verstanden unsere Ahnen in Griechenland, diesem alten Land, bereits vor 2500 Jahren, sogar vor dem goldenen Zeitalter, die verschiedensten Zutaten und Gewürze zu mischen und zu kombinieren, um kräftige und schmackhafte Speisen zuzubereiten. Diese Tatsache wurde von den griechischen und ausländischen Archäologen und Historikern anerkannt.

Bereits in weit zurückliegenden Zeiten unserer Geschichte erweckte die Kochkunst ein so grosses Interesse, dass sogar Schriftsteller und Philosophen nicht zögerten, Versuche anzustellen und köstliche Speisen und Konfekt zu erfinden und die besten Rezepte in Kochbüchern festzuhalten, welche wohl die ersten dieser Art waren. Ein Dichter von Gela, Archestratus, Zeitgenosse von Dionysius dem Jüngeren, (etwa 330 Jahre vor Chr.) war bereits ein Feinschmecker. Er unternahm lange Reisen in zivilisierte Länder zu dem einzigen Zweck, sich über die gastronomischen Bräuche dieser alten Völker zu informieren, welche damals raffinierter als die Griechen waren. Das Heldengedicht von Archestratus trug den Titel HEDYPATHIA (Sinnlichkeit). Es war so angenehm zu lesen, dass dieser erste Gastronom der Welt «Hesiod der Gourmets» genannt wurde. Das Gedicht wurde später durch den berühmten römischen Dichter Ennius in die lateinische Sprache übersetzt und erhielt die Überschrift HEDIPATHETICA.

Ein anderer Grieche, Experte der Kochkunst, war der Dichter Temachidas aus Rhodos, der elf Bücher über VERSCHIEDENE SORTEN SUPPEN geschrieben hat. Weitere durch die Kochkunst inspirierte Autoren waren: Numinius aus Heraclia, Mitreas, Hegemon, Philoenus von Leukas, Epoenites, Hegesippus, Erasistratus, Euthydemus, Criton, Stephanus, Archytas, Akestius, Akessias, Diocles, Philistion, Glaukus von Locris, Mithaekus, Dionysius aus Sizilien.

Viele andere haben dazu beigetragen, köstliche Speisen zu ersinnen und sie dichteten Loblieder auf die herrlichen griechischen Mahlzeiten und Bankette. Jedoch hatten alle das Unglück dass ihre Schriften verloren gingen, als vor sehr langer Zeit im Jahre 7, die Bibliothek von Alexandrien durch eine Brand-Katastophe, mit vielen anderen unersätzlichen Meisterwerken, vernichtet wurde.

Glücklicherweise sind uns die Namen dieser Schriftsteller erhalten geblieben, dank dem Dichter Athenaeus, der diese in seinem Buch DIE DOKTOREN DES TISCHES (Deipnosophists) erwähnt. Andere Schriftsteller sprechen in ihren Werken ebenfalls über die berühmten Mahlzeiten.

Warum jedoch die alten Verfasser besprechen? Welches Volk, ausser den Griechen, hat der Gastronomie eine Göttin geweiht, die Göttin Adephaghia?(1)

Nach allgemeiner Ansicht beginnt die Geschichte der griechischen Küche nicht mit Homer. Damals stellte das gebratene Fleisch die hauptsächlichste gekochte Speise dar. Jedoch seit der archäistischen Periode, zwei Jahrhunderte vor der klassischen Zeit wurde die Koch-Technik entwickelt und sie entfaltete sich immer mehr während dem goldenen Zeitalter. Die Küchengeräte, die zu Tausenden an verschiedenen Orten hergestellt wurden, haben zu dieser Entwicklung beigetragen. Zu dieser Epoche zeigte sich das grösste griechische Genie bei der Improvisation einer Mischung von zusammengekochtem Gemüse mit Fleisch, von einer köstlichen Schmackhaftigkeit, wie sie bis dahin dem Gaumen der Menschen unbekannt war.

Bereits vor dem Ende des V. Jahrhunderts vor Chr. wurden in Athen die Speisekarten auserlesen und enthielten verschiedene Rezepte, da sich die Athener nicht damit begnügten, einheimische Nahrungsmittel zu geniessen, sondern sie importierten solche aus weit entfernten Ländern. In ihrem eigenen Land wurden Gänse aufgezogen und gemästet und die Bewohner hatten eine Vorliebe für Wild, wie das Wildschwein aus Phthiotis, den Hirsch aus Boeotia, u.s.w. . . . . Sie bereiteten und assen nicht nur die Fische aus den Buchten von Saronic, sondern sie liessen aus Sykyon, einer Stadt im Golf von Korinth, den «gongros»,, eine Art Rötling, nach Faggria kommen, sowie den «glaukus», der im offenen

---

(1) Es besteht noch heute im früheren griechischen Sizilien ein Tempel, der dieser alten Gottin der Gastronomie und der Fröhlichkeit gewidmet ist.

Meer im Norden von Peloponnes gefangen wird. Der «smaris», ein bescheidener kleiner Fisch, Maridas wird durch das Backen in viel Olivenöl zu einer «Götterspeise». Wie G. Zeugolis sagt, bevorzugten die Athener von den Süsswasser-Fischen die langen Aale von Copais, denen die mitgekochten aromatischen Kräuter, eine ihnen eigene Schmackhaftigkeit verliehen.

Sie liebten auch die Langusten, Austern, kleine und grosse Muscheln, Meerigel, Moules, u.s.w. . . . , die sie mit Honig und gewürzt mit Petersilie und Pfefferminz, zubereiteten. Ausser den gewöhnlich genossenen Früchten, hatten sie eine Vorliebe für die «Ischades» die Feigen aus Attica, die Äpfel von Euböa, die Quitten aus Korinth, die Datteln aus Phenizien und die Pflaumen aus Syrien.

Das Brot der alten Griechen war wirklich ebenso gut, wie unser gegenwärtiges Brot. Es war weiss und schmackhaft, seit Theorion, ein Grieche aus Sizilien, die Zubereitung verbessert hatte. Die Oliven, in Salzwasser gelegt, aus Attica, waren als ausgezeichnetes Hors d' Oeuvres sehr beliebt. Es wurden grosse Mengen von Honig und Milch für die Zubereitung von Patisserie verwendet, wovon die «Psathyria» und die «Optolaghana» heiss genossen wurden und beim Essen in mit Wasser vermischten Wein (Krassi) getaucht wurden.

Zur Zeit des Alexander dem Grossen und nachher, entwickelte sich die griechische Küche zu einer richtigen Kunst. Es erschienen Berufs-Köche. Als gebürtig freie Männer wurden sie von den reichen Einwohnern, für die sie arbeiteten, ausserordentlich gut bezahlt. Je mehr die Zeit verging, gelangte dieser Beruf zu grossem Ansehen und wurde sehr geschätzt, während sich die Verantwortung der Köche erhöhte. Das Ergebnis davon waren Kochschulen, in denen die Kochkunst und die Zubereitung der Speisen unterrichtet wurden. G. Zeugolis schreibt: «Um im alten Griechenland ein anerkannter Küchenchef zu werden, mussten während zwei Jahren Kurse besucht, und schwierige Examen abgelegt werden, bevor man als für diesen Beruf geeignet angesehen wurde».

Die Legenden von Kadmus beweisen, wie sehr die Griechen die erfolgten Anstrengungen für die Küche schätzten. Der Gründer von Theben und Erfinder des Alphabetes, arbeitete als Koch im Palast von Sidon, bevor er nach Theben kam.

Viele Berufs-Köche gelangten zu dieser Zeit zu hohem Ansehen und die Alten schätzten sie, wie die Weisen. Der berühmte Athenaeus erwähnt die Namen von sieben Köchen, die in ebenso hohem Rufe standen, wie die sieben Weltweisen.

Der erste von diesen sieben Koch-Künstlern, von denen Athenaeus spricht, war Aghis aus Rhodos, der als Spezialität Fische mit aromatischen Kräutern zubereitete. Ein anderer war Aphtonites, der die Würste «allantes» erfunden hat. Die übrigen sind: Nereus von der Insel Chio, Chariades aus Athen. Lambrias, Euthymos und Ariston. Durch das Raffinement, mit dem sie die Saucen zubereiteten, gelangten sie zum Ruf von ausgezeichneten und unvergleichbaren Köchen. Ihre Saucen verwandelten so vollständig und gut den Geschmack der Speisen, die sie begleiteten, dass sich sogar die hervorragendsten Feinschmecker von Athen täuschten. Es gibt zum Beispiel folgende Anekdote: Bei einem Festmahl servierte der Küchenchef so zahlreiche und aussergewöhnlich schmackhafte Speisen, dass sich die Gäste darüber stritten, aus was diese Speisen zubereitet wurden, aus Meeräsche, Lamm- oder Kalbfleisch. Wurst oder Gemüse. Der Chef erklärte ihnen sodann, dass er als Grund-Element dafür lediglich Kürbis verwendet habe!

Je mehr die Zeit verging, umsomehr gelangten die Köche zu Ansehen. Für jeden, der ein grosses Haus führte, wurden sie unentbehrlich. Ihre Talente und Zuständigkeit erlaubten es ihnen, sehr hohe Löhne zu verlangen. Im Anfang zahlten die Athener, was die Köche verlangten, später jedoch fanden sie einen Ausweg, indem sie den Küchenchefs Kochgehilfen beigaben. Diese, ausgewählt unter den begabtesten Sklaven, hatten den heimlichen

Auftrag, alles zu lernen, ohne dem Chef ihr Interesse an seinen Geheimnissen zu zeigen. Viele dieser Sklaven wurden auf diese Weise ausgezeichnete Köche und ersetzten den teuren Küchenchef, ohne Kosten für ihre Herren. Wie man weiss, hatten zu dieser Zeit die Athener Bürger ein absolutes Verfügungsrecht über ihre Sklaven. Wie dem auch sei, wurde durch die Aristokratie eine Verordnung herausgegeben, welche ihren Koch-Sklaven Vorrechte verschaffte, wie das Recht, selbst erfundene Rezepte frei, zu eigenem Gewinn, zu verkaufen. Dies, um ihr Interesse an der Weiterbildung ihrer Koch-Talente anzuspornen. Es handelte sich hier um eine unglaubliche Änderung, wenn man bedenkt, dass bis zu dieser Zeit, alles, was ein Sklave besitzen konnte, seinem Herrn gehörte. Die Köche— sogar wenn es sich um Sklaven handelte besassen die Gunst ihrer Herren und hatten einen höheren Rang, als die übrigen Sklaven und Angestellten aller Athener Bürger, unter der Bedingung, dass sie die Feinschmecker-Gaumen ihrer Herren befriedigten. Als Beweis möchte ich ein altes griechisches Sprichwort anführen: «Wenn ein Küchenchef eines grossen Hauses sündigt, wird der Flötenspieler (ein anderer Sklave) dafür gezüchtigt».

Zwischen den Römern und den Griechen bestand ein sehr grosser Unterschied. Während die Griechen sich eine richtige Kochkunst angeeignet hatten, begnügten sich die Römer mit einer groben und primitiven Kost. Als sie mit den Griechen in Berührung kamen, kannten sie weder Verschiedenheiten noch Feinheiten bei der Zubereitung ihrer Nahrung. Ihre einzige Speise bestand aus einer Art dicker Suppe «pulmentum», die aus im Mörser zerstossener Weizen-Grütze zubereitet wurde. Nachdem diese vierschrötigen Leute Griechenland besiegt und besetzt hatten, entschlossen sich viele unter ihnen, sich hier niederzulassen. Ihre Lebensweise änderte sich vollständig, sobald sie die griechischen Sitten schätzen gelernt hatten. Sie sandten griechische Köche nach Italien und die Römer-Patrizier führten die ursprünglich griechische Küche in ihre Häuser ein. Sie kauften jeden anerkannten Küchenchef, alle «Kochkunst-Zauberer», und brachten sie nach Rom. Umsonst wehrte sich Caton gegen die römischen Bewunderer und Nachahmer der Griechen. Der Zensor protestierte vergebens gegen die Tatsache, dass die Griechen die echten, das heisst, primitiven Bräuche der Römer verdarben.

Die griechischen Köche wurden die kostspieligsten Angestellten der römischen Häuser und die Patrizier verschwendeten Vermögen, um ihre barbarischen Gaumen zu kitzeln. Zu diesem Zweck erwarben sie griechische Rezepte und gaben Millionen von Sesterzen aus, um berühmte griechische Köche zu kaufen. Insbesondere wurden die Küchenchefs der griechischen Städte in Sizilien und der griechischen Kolonien in Süd-Italien begehrt. Die Sybariten, Bewohner einer wohlhabenden Stadt in Gross-Griechenland, konnten dank ihrer Kochkunst und ihrer Saucen, den Geschmack und die Konsistenz der verwendeten Nahrungsmittel fast vollständig verändern. Der Koch von Trimalcion, zum Beispiel, bereitete den Fisch auf solche Weise zu, dass die Gäste glaubten, Geflügel zu essen. Die Geschichte spricht von den hervorragenden Festmahlen des Lukullus. Doch scheint die Welt vergessen zu haben, dass diese köstlichen Speisen der Kunst der griechischen Köche zu verdanken sind.

Man könnte noch lange über das leidenschaftliche Beharren der nun zivilisierten, und durch die griechischen Sitten verfeinerten Römer sprechen, mit dem sie seltene und aussergewöhnliche Rezepte suchten, um allerlei neue Speisen zu erhalten. Wie heute die Neureichen, wollten sie von allem kosten, das irgendwie essbar war, von der kleinen Zirpe, der einfachen Schnecke, dem afrikanischen Strauss bis zum Wildschwein aus Asien; von der afrikanischen Antilope bis zu den exotischen Vögeln aus Scythia und den Tropen; von den Hasen, den Hirschen bis zu den Schildkröten und alle Arten wilder Tiere. Sie fanden ihr Vergnügen beim Experimentieren mit allen diesen Speisen, dank der talentierten und einfallsreichen griechischen Köche.([1])

Der Leser soll nicht annehmen, dass wir uns durch die Erwähnung der römischen Küche von unserem Thema entfernen. Die römische Küche wurde durch die Griechen erschaffen und breitete sich über das ganze römische Reich aus. In Wirklichkeit war die römische Küche «hellenistisch» (hellenisch nach Constantin dem Grossen). Sie wurde byzantinisch, nachdem die Hauptstadt vom Alten Rom zum Neuen Rom an die Ufer des Bosporus verlegt wurde. Die Patrizier, welche Constantin dem Grossen nachfolgten, waren nicht die Einzigen, die köstliche, hellenistische Speisen zubereiteten. Die übrigen Bewohner des orientalischen römischen Reiches, dessen Zentrum Konstantinopel war, und das mehr als die Hälfte des alten römischen Reiches ausmachte, kochten ebenfalls nach der «römischen», das heisst, hellenistischen Küche.

Die byzantinische Küche war die gleiche, wie die der «Römer». Mit der Zeit entfaltete sie sich, jedoch immer unter Beachtung des griechischen Styles und der griechischen Tradition. Alle Völker, die unter die byzantinische Herrschaft gelangten, waren Griechen, oder zumindest hellenisch beeinflusste Völker, mit der gleichen Moral, den gleichen Sitten und Lebensweisen. Es waren dies: Griechenland, Mazedonien, Trace, Süd-Italien, das Gross-Griechenland und Sizilien mit seiner hauptsächlich griechischen Stadtbevölkerung, Klein-Asien, Syrien, Mesopotamien u.s.w. Ihre Sprache war die griechische, und alle befolgten die Tradition der römischen Küche, das heisst, der Küche griechischer Abstammung. Selbstverständlich war die normale Kost der einfachen Bürger weder so reich, noch so verschieden, wie diejenige der Patrizier. Es wurde also die hellenistische, raffinierteste Küche angewendet und diese erhielt sich während ungefähr 1500 Jahren, von der Donau bis nach Mittel-Asien. Sie wurde

([1]) Aus alten glaubwürdigen Manuskripten kann entnommen werden, dass bei gewissen römischen Festmahlen Nachtigall-Zungen und Rhinozeros-Augen serviert wurden.

nicht nur in den byzantinischen Palästen befolgt, sondern auch vom Mittelstand und von sogar den einfachsten Haushaltungen, also von allen «römischen Bürgern».

Was bedeutet in Wirklichkeit dies alles? Es beweist, dass es nicht die Griechen waren, welche die türkischen Rezepte übernahmen, sondern es waren die Türken, denen es mit ihrer vierschrötigen Zivilisation—um nicht mehr zu sagen—nicht möglich war, einem Vergleich mit dem byzantinischen Reich standzuhalten. Es bedeutet, dass die Türken ihre Rezepte von den Byzantinern entlehnt hatten.

Die Türken waren ein Nomaden-Volk und lebten im Inneren von Asien. Sie drangen in die reichen und fruchtbaren Gegenden von Klein-Asien ein. Nach und nach übernahmen sie die Gewohnheiten und die Sitten der Byzantiner, und natürlich, gleichzeitig deren Küche und Rezepte .

Wie hätten diese herumziehenden, barbarischen Nomaden einen ursprünglichen, persönlichen Küchen-Styl schaffen können, der viel Zeit und Anstrengungen benötigt? Die Horden ihrer Stämme, wie ihre Vorfahren, die Hunnen, hatten die Gewohnheit, das frische Fleisch unter den Sattel der Pferde zu legen, um es durch die Wärme zu erweichen, damit es angenehmer zu verspeisen war. Sie assen das Fleisch roh.

Welcher kritische und unvoreingenommene Beobachter könnte an der Unmöglichkeit einer ursprünglich türkischen Küche zweifeln? Es würde genügen, die langen und zahlreichen Abhandlungen darüber in dem grossen Werk von F. Koukoules «Byzantinisches Leben und Zivilisation» zu lesen, um sich davon zu überzeugen, dass die barbarischen Eindringlinge, die sich in den Gegenden mit einer reichen und varierten Küchen-Tradition befanden, sich diese Kunst sehr rasch aneigneten. Betrachten wir nun die Frage der italienischen Küche. Natürlich unterschieden sich die Italiener in grossem Masse von den Türken, sowohl was ihre Geschichte, wie ihre Kultur u.s.w. . . . anbetrifft. Als die Renaissance in Italien begann, waren ihre Bewohner die zivilisiertesten des Abendlandes. Durch die Entfaltung ihres Handels wurden die republikanischen Städte sehr wohlhabend.

Wie stand es jedoch mit Italien vor der Renaissance? Nach dem Eindringen der germanischen Stämme wurde Italien durch den Einfluss des Mittelalters beherrscht, mit Ausnahme der südlichen Gegenden, die unter byzantinischer Herrschaft standen. Obschon sie das Joch der barbarischen Gewalt trugen, blieben die Italiener den alten Traditionen, die sie von ihren Vorfahren übernommen hatten, treu, und die römische hellenistische Küche überlebte. Dies vor allem in den Städten wie Neapel, Reggio, Bari, Brindisi und Lecce, die unter byzantinischer Herrschaft standen. Oder wie in den Städten: Amalfi, Pisa, Genua und Venedig, die durch den Handel mit den Byzantinern in engem Kontakt mit dem Volk des griechischen Reiches standen. Ausserdem betrachteten die Italiener die römische Tradition als ihr Eigentum, Tradition, von der sie die barbarischen Eindringlinge trennen wollten. Sie dachten an ihre ruhmvolle Vergangenheit, was verhinderte, dass sie sich vollständig den Sitten der Eroberer unterwarfen; diese groben und rauhen Sitten, die so grosse Unterschiede mit dem römischen, griechischen und byzantinischen Reich aufwiesen. Es genügt, daran zu erinnern, dass das Oberhaupt der reichsten Stadt, der Doge von Venedig, sich in seinen Briefen bis zum X. Jahrhundert den Namen gab: «Diener des byzantinischen Kaisers». Es soll auch nicht vergessen werden, dass eine byzantinische Dame, die von den Ufern des Bosporus in die Kanalstadt kam, um sich mit dem Sohn des Dogen zu vermählen, viele Gegenstände mitbrachte, unter anderem, Tischgeschirr aus Silber und Gold und teure Bestecke, welche von ihrem Volk benützt wurden, statt mit den Fingern zu essen. Es war dies das erste Mal, dass Bestecke und Geschirr in das Abendland gelangten, wo der Sitte entsprechend, immer noch mit den Fingern gegessen wurde.

Jedoch, nur kurze Zeit verging, bevor der Abstieg der Byzantiner begann. Der Abstieg dieses feudalen und mächtigen

Reiches wurde durch die wirtschaftliche und politische Schwächung beschleunigt. Während die Byzantiner immer mehr an Bedeutung verloren, blühten die italienischen Städte, dank ihres Handels mit den orientalischen Städten des Mittelmeeres.

Nach dem ruhmvollen X. Jahrhundert von Phocas, Tsimiskis und Basil II («Bulgaroctonus») benötigten die Italiener nicht mehr als zwei Jahrhunderte, um das ägäische Meer, die Zykladen, die Sporaden, Euböa, Kreta und die Inseln des ionischen Meeres zu erobern. Andererseits wurde Byzanz selbt durch die Franken besetzt, und das ganze griechische Reich gelangte unter die Herrschaft der Franzosen und der Italiener. Während Jahrhunderten benützten die Genueser — alte byzantinische Untertanen — und die Venezuaner, welche die populären Quartiere von Galata in Konstantinopel bevölkerten, byzantinische Rezepte. Die nun zu Siegern gewordenen Italiener begannen, diesen Rezepten italienische Namen zu geben, vorerst auf den griechischen Inseln, so, wie später türkische Namen erschienen, als die Türken den Balkan und Klein-Asien eroberten. Auf diese Weise erhielten griechische National-Speisen, die im Laufe der Zeit etwas abgeändert wurden, fremde Namen, welche der Sprache der verschiedenen Eroberer entnommen wurden. Dies bedeutet jedoch wenig. Es ist normal, dass die Sieger, die ein Land während Jahrhunderten besetzen, diesem Land ihre Sprach-Ausdrücke und ihre Sitten aufprägen.

Wir glauben, mit unseren Ausführungen, die in der Einleitung gestellten Fragen beantwortet zu haben, und dies unzweideutig: wie kommt es, dass unsere traditionelle (nationale) Küche der türkischen Küche gleicht? Warum sind viele unserer traditionalen (nationalen) Rezepte, den italienischen Rezepten ähnlich?

Wir kommen zur Schlussfolgerung, dass die alte hellenistisch beeinflusste, 2500 Jahre alte Küche, von Rom und Italien übernommen, und ihrer Küche angepasst wurde. Die byzantinischen Aristokraten befolgten die Regeln der hellenistischen Küche, während die hellenisch beeinflussten Völker vom byzantinischen Reich der traditionellen Küche der Griechen, zur Zeit des Alexander des Grossen, treu blieben. Ihrerseits übernahmen die Türken die mittelalterliche, griechische Küche (byzantinische) und tauften deren Speisen mit türkischen Namen. Diese Rezepte griechischen Ursprungs kamen mit der Herrschaft der Türken (Rayias) wieder nach Griechanland zurück. Es ist eine Tatsache, dass ein Volk, das während Jahrhunderten besetzt ist, Ausdrücke der Sprache des Beherrschers in seine eigene Sprache aufnimmt. Dies war immer so und es handelt sich hier um eine unanfechtbare Wahrheit.

Alexander Paradissis — Chrissa Paradissis

VORWORT

Bereits in weit zurückliegenden Zeiten haben in der griechischen Küche das Olivenöl, die Kräuter und der Wein eine wichtige Rolle gespielt. Diese Zutaten gestatten der Hausfrau die Zubereitung von köstlichen Speisen. Sie hat die Wahl zwischen den Sorten Fleisch und anderen verschiedenen Nahrungsmitteln, und ausserdem den reichlichen Erzeugnissen des Mittelmeeres, das die Ufer unseres Landes umspült.

Manche Gegenden unseres Landes sind trocken und gebirgig. Doch erhalten die kahlen, von der Sonne verbrannten Inseln oft erfrischenden Regen. In anderen Gegenden ist der Boden fruchtbar und bebaut. Kreta, Samos und Santori sind mit im Sommer grünen Weinbergen bedeckt, die einen guten Wein ergeben. In Syra, Santori, Nauplia, Argos und Thessaloniki befinden sich grosse Tomaten-Anpflanzungen, für die Konserven-Fabrikation und die Herstellung von Tomaten-Püree. . . u.s.w.

Die Gegend von Peloponnes ist reich. Der hier früher bestehende Wald, der vielen wilden Tieren Schutz bot, ist gerodet worden. Auf den Abhängen der Hügel weiden Schafe, Ziegen und Kühe. Die meisten Familien in Andros, Djia und anderen Orten mästen mindestens ein Schwein. Es ist reichlich Geflügel vorhanden und auch das Wild fehlt nicht. In den vielen Tälern dieser Gegend wehen im Sommer goldgelbe Getreidefelder, mit Weizen, Gerste und Hafer, während die sorgfältig gepflegten Gärten grüne Oasen bilden. Argolis ist mit Obstbäumen bepflanzt hauptsächlich mit Orangen-und Zitronenbäumen, und die Weinberge in Korinth machen aus dieser Gegend ein von den Göttern gesegnetes Land. Die Oliven aus Calamata, die Melonen und Auberginen aus Argos und die Artischocken aus Dalamanara sind sehr bekannt und begehrt. Nussbäume und Apfelbäume findet man überall auf den Abhängen der Berge von Cynouria.

Epirus weist einen auffallenden Kontrast zu den obenerwähnten Gegenden auf. Der schöne See Ianina mit seinen malerischen Ufern besitzt natürliche Reichtümer, von dem die Bewohner profitieren. Es gibt hier im Überfluss Fische, wie Forellen, Karpfen, «glynia», «maritsia», «dromitses», «tsimes», sowie Krebse, Hummer und Aale, die jeder nach seiner Art zubereitet.

Auch das Wild ist zahlreich: Wildschweine, Hasen, Rebhühner, Schnepfen und Wachteln sind hier zu Hause. Die Gegend von Arta ist mit Zitronenbäumen bepflanzt.

Die ausgedehnte Ebene von Thessalien ist die Vorratskammer von Griechenland. Die Abhänge der Berge von Olympia, Ossa, Pelion, Pindus Othris sind mit Obstbäumen, sowie Nuss - und Kastanienbäumen reichlich bepflanzt. Es gedeihen hier Birn - und Apfelbäume, Mandelbäume, Quitten - und Feigenbäume und ausserdem sogar Orangenbäume. Diese Berge sind bewohnt von Wildschweinen und Hasen und der Berg Olympia von Gemsen, Hirschen und Rehen.

In Mazedonien gibtes ebenfalls im Überfluss Wild, und diese Gegend ist das Paradis des griechischen Jägers. Er kann während des ganzen Jahres Wildschweine jagen und Hasen, Fasane, Rehe, Rebhühner, Wachteln und Wildenten erlegen. Es wird viel Viehzucht getrieben und Mazedonien ist bekannt für seine ausgezeichneten Milchprodukte, wovon der «Manuri» Käse ein Beispiel ist.

Der Fischfang ist in Mazedonien sehr erträglich. Es wurden zahlreiche Fischteiche erstellt die jedes Jahr tonnenweise Fische liefern, so auf den Seen von St. Basile Amatovo, Besikia, Kastoria, Prespa, Doirani und viele andere.

Im Hinblick auf die Landwirtschaft und die Viehzucht ist Thraki die reichste und bedeutendste Gegend.

Was das übrige Griechenland anbelangt, genügt es mir zu sagen, dass im Überfluss viele, verschiedene Produkte erzeugt werden, bestimmt für den lokalen Gebrauch und für die Ausfuhr. Die Inseln, wie Kreta und Zypern (obschon diese politisch unabhängig sind) erhalten sehr gute Ernten dank der Sonne, dem Regen, dem guten Klima und harter Arbeit.

Natürlich gibt es auch in Griechenland durch die Natur weniger begünstigte Gegenden. Im Allgemeinen jedoch, geniessen die griechischen Bewohner, sowohl im Innern des Landes wie auf den Inseln, eine kräftige und gut zubereitete Nahrung., Die Männer sind Feinschmecker, weshalb die jungen Mädchen schon sehr früh gut kochen lernen. Tiefgekühlte Nahrungsmittel und Konserven sind aus der Küche verbannt. In der Hauptsache werden frische Zutaten verwendet. Mit Olivenöl gegrillter, frischer Fisch, Lamm-oder Kalbfleisch vom Grill, Muscheln, sowie Süssigkeiten mit einem Glas «ouzo» begleitet, werden von den Griechen bevorzugt. Zum griechischen Speisezettel gehört ausserdem in ganz Griechenland folgendes: Die Suppe «avgholemono», eine ausgezeichnete Suppe, der ein mit Zitronensaft geschlagenes Ei beigefügt wird, sowie «dolmadakia», Weinrebenblätter mit Reis und Hackfleisch, oder nur mit Reis, gefüllt. Ferner Tomaten, Auberginen, gefüllte Peperoni und verschiedene Teig-Pasteten, Feta-Käse in feinen Teig gewickelt, Spinat, Fleisch, u.s.w. . . Die griechische Küche ist nicht nur keinesfalls in Vergessenheit geraten, sondern sie wird sich bestimmt weiter entwickeln, da diese Kochkunst von der Mutter der Tochter übergeben wird, welche das Kochen schon im frühesten Alter erlernt.

Man kann jedoch nicht sagen, dass die griechische Hausfrau sich nicht für die ausländische Küche interessiert. Im Gegenteil, sie erfindet neue Speisen und passt diese dem griechischen Geschmack an, wodurch sie umso köstlicher werden.

Ch. P.

IN DER GRIECHISCHEN KÜCHE VERWENDETE ZUTATEN

OLIVENÖL UND BUTTER: In der griechischen Küche wurde früher hauptsächlich Olivenöl verwendet, und in geringerem Masse geschmolzene Schaf-Butter oder frische Butter.

Das Olivenöl ist auch heute noch die wichtigste Zutat.

Die geschmolzene Butter wird mehr und mehr durch ein vegetarisches Fett, das FYTINI ersetzt, das ausschliesslich aus Olivenöl und aromatischer Schaf-Butter besteht.

Man findet auch eine Margarine, aus Olivenöl hergestellt, das VITAM, die als Ersatz für die Butter sehr geschätzt ist.

Ausser dem Olivenöl, das rein verwendet wird, werden die Produkte, welche die Butter ersetzen, gebraucht. Diese haben den Vorteil, ebenso nahrhaft, wie hygienisch zu sein.

SESAM-KERNE: Es handelt sich um sehr kleine, honigfarbene Kerne, deren Geschmack an denjenigen der Nüsse erinnert. In Griechenland werden sie für die Brot-Herstellung, die Pasteten, die Bisquits und Kuchen verwendet. Das Sesam-Kerne-Öl ist der hauptsächlichste Bestandteil von Halva und Tachini, die in den Geschäften verkauft werden.

ORANGENBLÜTEN-WASSER: Es wird bei der Zubereitung von Patisserie verwendet. Es wird aus dem Oel, das aus den Orangenblüten gezogen wurde, hergestellt.

MASTIX: Er wird aus einem Harz des «lentisk»-Stauches erstellt. Man schneidet die Rinde des Strauches ein, die Flüssigkeit fliesst heraus und härtet sich zu einer gelben Masse. Der Strauch wird hauptsächlich auf der Insel Chio im Balkan angepflanzt. Mastix ersetzt den Chewing-gum und wird für das Perfümieren von Konfekt und Brot verwendet.

DIE KÄSE-SORTEN

DER FETA: Der Feta ist ein halbweicher, gesalzener Käse, von Ziegen-oder Schafmilch hergestellt. Man verwendet ihn für Pasteten oder Salat oder er wird als Beilage zu den Mahlzeiten serviert.

KASSERI: Dies ist ein weicher crème-artiger Käse, der an Cheddar erinnert. Er wird hauptsächlich als Streichkäse verwendet.

MIZITHRA: Ungesalzener weisser Käse, der durch Cottage-cheese oder Zieger ersetzt werden kann. Man gebraucht ihn für die Zubereitung von Süss-Speisen oder Vorspeisen.

KEFALOTIRI: Gesalzener harter Käse, ähnlich dem Parmesan und wird in der Hauptsache als geriebener Käse verwendet, um Teigwaren und Pasteten zu würzen.

MANOURI: Weisser, ungesalzener Käse. Gleiche Verwendung wie Mizithra.

JOGHURT: Joghurt ist fermentierte und konzentrierte Milch, erhalten durch die Beigabe von bulgarischen Lactobazillen. Er kann zu Hause erstellt werden, indem ein gekaufter Joghurt als Ferment verwendet wird. In Griechenland und bei den balkanischen Völkern ist Joghurt eine Vorzugs-Speise. Der beste Joghurt wird aus Schaf-Milch hergestellt, welche mehr Fett, als die Kuh- oder Ziegenmilch enthält. Joghurt wird als Dessert gegessen, mit Zucker oder Honig. Er wird auch bei der Zusammenstellung von Saucen, und der Zubereitung von Kuchen und Bisquits verwendet.

Herstellung von Joghurt zu Hause

1 ½ Liter Milch

⅓ Tasse Joghurt, gekauft.

In eine Pfanne mit 2,5 cm Höhe Wasser (warmes Wasser) 6 kleine, irdene Gefässe stellen. Die Milch zum Sieden bringen und auf eine Temperatur von 37⁰ bringen. Sorgfältig in jedes Gefäss einen gehäuften Teelöffel Joghurt geben, ohne die Flüssigkeit zu schütteln, (der Joghurt wurde vorher mit der Milch vermischt). Die Gefässe mit einem Tuch und mit einer Decke zudecken, damit die Wärme beibehalten wird. 6-8 Stunden bis zum Eindicken ruhen lassen. Im Kühlschrank aufbewahren.

Gewichte und Masse

In diesem Buch wurde das amerikanische Pfund verwendet, das 450 Gramm entspricht. Der Einfachheit halber haben wir bei der Benennung der Masse das «Pfund» angegeben. Es genügt deshalb, das Gewicht vom Pfund etwas herabzusetzen.

Mehl	450 gr.	= 4 Tassen
Zucker	450 gr.	= 2 Tassen
Butter	450 gr.	= 2 Tassen
Käse, gerieben	450 gr.	= 4-5 Tassen
Reis	450 gr.	= 2 Tassen
Staubzucker	450 gr.	= 3 ½ Tassen (gesiebt)
Rosinen	450 gr.	= 3 Tassen
Nüsse gehackt	450 gr.	= 4 Tassen

Ungefähre Ofentemperaturen

	Grad F⁰	C⁰	Gas-Einstellung
Sehr schwach	250	120	¼
Schwach	300	150	1
Mittel schwach	325	162	2
Mässig	350	177	3
Mässig heiss	375	190	4
Heiss	400	204	5
Sehr heiss	450-500	232-260	7/8-9/10

Gekochte Krabben - Gefüllte Weinreben Blätter - Fischeier Salat - Oliven - Feta - Käse

1 VORSPEISEN

GEKOCHTER OKTAPUS (Art Tintenfisch)
(Oktapodi vrasto)

1	Oktapus, ça 3 Pfund	¾ Tasse Olivenöl
3-4	Knoblauch-Zehen, zerdrückt	¼ Tasse Essig
	Pfeffer, Petersilie gehackt	

Oktapus reinigen. In einer Pfanne, ohne Beigabe von Wasser, kochen bis er weich ist und eine rote Farbe angenommen hat. Abtropfen lassen und in kleine Stücke schneiden. Knoblauch, Olivenöl, Essig, Pfeffer und Petersilie gut vermischen und über die Oktapus - Stücke giessen. Zugedeckt kann diese Speise im Kühlschrank 3-4 Tage aufbewahrt werden.

GEKOCHTE KRABBEN (Crevetten)
(Gharides vrastes)

2 Pfund grosse Krabben
1 ½ Tassen Wasser
4 Suppenlöffel Weisswein
1 gelbe Rübe gehackt
1 Zwiebel gehackt
Pfeffer, Salz
Lorbeerblatt
Mayonnaise oder
Olivenöl und Zitronensaft

Die Krabben waschen. In einer Pfanne das Wasser, den Wein, die gelbe Rübe, Zwiebel, Salz, Pfeffer und das Lorbeerblatt 15 Minuten !ang kochen. Die Krabben dazugeben und bei leichter Hitze 6-8 Minuten kochen. Die Krabben in der Bouillon erkalten und dann abtropfen lassen. Die Crevetten schälen und bedeckt mit Mayonnaise oder mit Olivenöl und Zitronensaft übergossen, servieren.

KABELJAU - KLÖSSCHEN
(Bakaliaros Kroketakia)

1 Pfund gesalzene Kabeljau-Filets
1 Pfund gekochte, zerstossene Kartoffeln
1 Suppenlöffel Butter
½ Tasse Milch
Pfeffer, geriebene Muskatnuss
2 Eier, Petersilie gahackt
Mehl, Paniermehl,
1 Tasse Käse gerieben
Olivenöl zum Backen

Die Kabeljau-Filets während 24 Stunden in kaltes Wasser legen. Abtropfen lassen und mit einer Gabel zerdrücken. In eine Pfanne geben und mit der Butter, der Milch, Pfeffer, Muskatnuss und den Kartoffeln vermischen. Auf mässigem Feuer unter Umrühren bis zum Eindicken der Masse kochen lassen. Vom Feuer nehmen und 1 Ei, 1 Eigelb, Petersilie und den Käse beifügen. Die Masse zugedeckt 2-3 Stunden im Kühlschrank ruhen lassen. Sodann kleine Röllchen formen und in Mehl wenden. Das Eiweiss mit 1 Teelöffel Olivenöl schlagen, die Klösschen darin eintauchen und im Paniermehl wenden. In ko chendem Oel schwimmend, goldgelb backen und

Käse - Rollen

auf Papierservietten abtropfen lassen. Mit der gehackten Petersilie überstreuen und als Vorspeise heiss servieren.

KÄSE - ROLLEN
(Bourekakia apo tiri)

½ Pfund Feta-Käse	2 Eier, geschlagen
½ Pfund Greyerzer-Käse	Petersilie gehackt
4 Suppenlöffel Butter	1 Messerspitze Muskatnuss gerieben
4 Suppenlöffel Mehl	1 Pfund Blätterteig (phyllo)
1 Tasse Milch	1 Tasse Butter

Den Feta mit einer Gabel zerdrücken und mit dem Greyerzer-Käse vermischen.

Das Mehl mit 4 Suppenlöffeln geschmolzener Butter verrühren, die Milch beigeben und unter ständigem Rühren kochen bis zum Eindicken. Vom Feuer nehmen und den Käse, die Eier, Petersilie und die Muskatnuss beifügen und gut vermengen.

Käse - Törtchen

Den Teig in drei Rechtecke schneiden und die Stücke aufeinander legen, um das Austrocknen zu verhindern. Ein Rechteck-Blatt mit Butter bestreichen und einmal zusammenfalten. Auf das eine Ende einen gehäuften Suppenlöffel der Masse legen, einmal falten und die Ränder gegen das Innere legen (2,5 cm auf jeder Seite). Rollen und mit der zusammengefügten Seite nach unten auf ein mit Butter bestrichenes Backblech legen. So weiterfahren, bis der Teig und die Füllmasse aufgebraucht sind. In mässig heissem Ofen 15 Minuten backen. Heiss servieren. Diese Proportionen ergeben 4 Dutzend Rollen.

KÄSE - TÖRTCHEN
(Tiropitakia)

- ½ Pfund Feta-Käse
- 1 Tasse «kefalotiri» gerieben oder Parmesan
- Petersilie gehackt
- 2 Eier, Pfeffer
- 1 ½ Pfund Blätterteig (phyllo)
- ½ Tasse Butter, geschmolzen

Den Feta mit einer Gabel zerdrücken und mit dem geriebenen Käse, der Petersilie, den Eiern und dem Pfeffer vermengen.

Den Teig in Streifen von 25 × 5 cm schneiden und diese aufeinander legen, damit sie nicht austrocknen. Jedes Teigstück mit geschmolzener Butter bestreichen, auf ein Ende einen Teelöffel der Masse legen und so falten, dass ein Dreieck entsteht. Die Tiropitakia auf ein bebuttertes Backblech legen, mit geschmolzener Butter bestreichen und in mässig heissem Ofen 15 Minuten goldgelb backen. Heiss servieren. Proportionen für 4 Dutzend.
Nach Belieben können die Tiropitakia auch in Oel oder Butter schwimmend gebacken werden. In diesem Fall ist es nicht notwendig, sie mit Butter zu bestreichen.

KÄSE - HÄUFCHEN
(Tirakia tighanismena)

2 Eier
1 Tasse «Kefalotiri» fein gerieben
1 Tasse Greyerzer-Käse gerieben
1 Messerspitze Pfeffer
Brot-Scheiben
Oel zum Backen

Die Eier schlagen, den Käse und den Pfeffer beifügen und vermengen. Die Brotscheiben in kleine Vierecke schneiden und auf jedes einen gehäuften Teelöffel der Masse legen. Im Oel einige Minuten goldgelb backen. Abtropfen lassen und sofort heiss servieren.

KÄSE - PASTETCHEN (von Mytiliene (Kastro)
(Gyouslemedes)

Phyllo-Teig ohne Eier (siehe Rezept)
3 Eier leicht geschlagen
2 Tassen geriebenen Käse (myzithra trocken oder kefalotiri)
Olivenöl zum Backen

Den Teig zubereiten und 1 Stunde ruhen lassen.
Die Eier mit dem Käse vermischen. Den Teig auf 1 cm Dicke

auswallen und davon runde Scheiben von 5 cm Durchmesser ausschneiden. Auf die Mitte jeder Scheibe 1 Teelöffel der Masse legen, die Ränder befeuchten, falten und zusammendrücken.
Das Oel auf mittlerem Feuer heiss werden lassen und darin die Pastetchen schwimmend goldgelb backen. Abtropfen lassen und solange sie noch heiss sind, mit geriebenen Käse bestreuen.

GEBACKENE MUSCHELN (Moules)
(Midia tighanita)

2 ½ Pfund Muscheln
1 Ei, leicht geschlagen
¾ Tasse Milch
1 Suppenlöffel Olivenöl
Salz, Pfeffer
1 Tasse Mehl
Olivenöl zum Backen
Zitrone, Petersilie

Die Muscheln abkratzen und in viel, mehrmals gewechseltem Wasser waschen. Mit einem spitzen Messer öffnen, die Auswüchse abreissen und die schwarzen Stellen entfernen. Waschen und gut abtropfen. Das Ei, die Milch, 1 Suppenlöffel Olivenöl, das Salz und den Pfeffer vermengen. Das Mehl beifügen und solange gut verarbeiten, bis eine homogene Masse entsteht. 1 Stunde ruhen lassen.
Die Muscheln in den Teig tauchen und in heissem Olivenöl schwimmend, goldgelb backen. Auf Papierservietten abtropfen lassen und heiss, mit Zitronenscheiben und Petersilie servieren.
Wenn es sich um kleine Muscheln handelt, diese mit dem Teig vermischen und löffelweise in die Friture geben und backen.

GEBRATENE LAMM-LEBER
(Sikotakia ladorighani i tighanita)

1 ½ Pfund Lamm-Leber
½ Tasse Olivenöl
Salz, Pfeffer
2 Zitronen
1 Teelöffel wilder Mayoran (Origan) gerieben
Petersilie gehackt

Die Leber in 2,5 cm grosse Würfel schneiden. In einer Bratpfanne das Oel heiss werden lassen und die Leber darin 5-6 Minuten anbraten. Salz, Pfeffer, Zitronensaft und Mayoran beifügen und das Ganze noch 10 Minuten braten lassen. Mit Petersilie bestreut heiss servieren.

GEBRATENER STINT-FISCH (Eperlan)
(Marides tighanites)

Die benötigte Quantität Fische reinigen und waschen, gut abtropfen und in Mehl wenden. In einer grossen Bratpfanne 1 Tasse Olivenöl heiss werden lassen und die Stint-Fische darin goldgelb und knusprig braten. Bei kleinen Fischen, mehrere zusammen backen und fächerförmig anrichten. Heiss servieren. 2 Pfund Fische genügen für 4 Personen.

HACKFLEISCH - KUGELN
(Keftedakia)

2 kleine Zwiebeln fein geschnitten
2 Suppenlöffel Butter
1 Pfund Kalb-oder Rindfleisch gehackt
½ Tasse Paniermehl
½ Tasse Milch
2 Teelöffel Salz
¼ Teelöffel Pfeffer
Petersilie gehackt
1 Ei, leicht geschlagen
Butter oder Olivenöl zum Braten
4 Suppenlöffel Rot-oder Weisswein

Die Zwiebeln in 2 Suppenlöffel Butter anbraten. Das gehackte Fleisch, das Paniermehl, die Milch, das Ei, Salz und Pfeffer beigeben und vermengen. Nussgrosse Kugeln formen und diese in einer grossen Bratpfanne braten, bis sie auf allen Seiten Farbe angenommen haben. Mit Wein übergiessen und heiss werden lassen. Heiss servieren. Proportionen für 3 Dutzend Kugeln.

GEBACKENE KALMAR (Art Tintenfisch)
(Kalamarakia tighanita)

2 Pfund kleine Kalmar
Mehl
Oliven-oder Maisöl zum Backen
Salz, Zitrone

Die Kalmar waschen, abtropfen und in Mehl wenden. In sehr heissem Oel schwimmend, goldgelb und knusprig backen. Abtropfen lassen und leicht salzen. Sofort heiss mit Zitrone servieren.

WURST VON PELION
(Spetsofayi)

1 Pfund Auberginen (Eierfrüchte) in dicke Scheiben geschnitten
½ Tasse Olivenöl
1 Pfund grüne Peperoni, entkernt und geschnitten
1 Pfund Tomaten, entkernt und in Scheiben geschnitten
1 Teelöffel Salz
½ Pfund Wurst-Scheiben

Die Auberginen mit Salz bestreuen und 1 Stunde ruhen lassen. Abspülen, abtropfen und trocknen.
In einer Bratpfanne das Oel heiss werden lassen, die Auberginen und die Peperoni darin anbraten, die Tomaten beifügen, salzen und 35-40 Minuten kochen lassen. Die Wurst- Scheiben separat anbraten, dem Gemüse beifügen und noch 10 Minuten kochen. Proportionen für 4 Personen.

HACKFLEISCH - ROLLEN
(Bourekakia apo Kreas)

2 Suppenlöffel Butter
2 kleine Zwiebeln fein geschnitten
1 Pfund Hackfleisch
½ Tasse Weisswein
1 Tomate, geschält und geschnitten
Salz, Pfeffer
½ Tasse geriebenen Käse
1 Ei, geschlagen, Petersilie
2 hartgekochte Eier, geschnitten
2 gehäufte Suppenlöffel Paniermehl
1 Pfund Blätterteig (phyllo)
1 Tasse ausgelassene Butter oder Olivenöl

Commanderie
St. John

Die Butter in einer Pfanne heiss werden lassen und darin die Zwiebeln anbraten. Das Fleisch beifügen und unter Umrühren anbräunen. Mit dem Wein übergiessen, Tomate, Salz und Pfeffer beigeben und zugedeckt etwa 30 Minuten kochen lassen.
Vom Feuer nehmen und mit dem Käse, dem Ei, der gehackten Petersilie, den harten Eiern und dem Paniermehl vermengen.
Den Teig auswallen und in 4 Streifen von 15×30 cm schneiden. Einen Streifen nach dem anderen mit Butter bestreichen und das Fleisch auf das Ende der schmäleren Seite verteilen. Auf jeder Seite einen Rand von 2,5 cm frei lassen und diesen nach innen falten. Rollen und auf ein bebuttertes Backlech legen. Mit dem Rest der Butter übergiessen und bei mittlerer Hitze etwa 20 Minuten im Ofen backen. Heiss servieren.
Nach Belieben können der Wein, die Tomate und das Paniermehl durch 1 Tasse Bechamel-Sauce ersetzt werden.

GEFÜLLTE WEINREBEN-BLÄTTER
(Dolmadakia me risi)

- 1 Tasse Olivenöl
- 1 Pfund Zwiebeln, geschnitten
- 1 Tasse Reis, roh
- 1 Tasse Korinthen (wahlweise)
- 1 Suppenlöffel Pfefferminz oder Dill
- 1 Tasse warmes Wasser
- 2 Suppenlöffel Pinienkerne (wahlweise)
- 1 Suppenlöffel Salz
- $\frac{1}{4}$ Teelöffel Pfeffer
- 50-60 frische Rebenblätter oder 1 Büchse von 1 Pfund
- 1 Zitrone

In einer Bratpfanne die Zwiebeln in $\frac{1}{2}$ Tasse Olivenöl anbraten. Den Reis beifügen und 5 Minuten kochen. Alle übrigen Zutaten, ausser den Rebenblättern, der Zitrone und $\frac{1}{2}$ Tasse Olivenöl, beigeben, und das Ganze noch 5 Minuten leicht kochen. Erkalten lassen. Die Rebenblätter mit kaltem Wasser abspülen. Wenn es sich um frische Blätter handelt, diese während 3 Minuten blanchieren. Abtropfen und abkühlen.

Die Rebenblätter mit der glänzenden Seite nach unten ausbreiten und auf jedes Blatt einen gehäuften Teelöffel der Masse legen. Das Blatt zusammenfalten ohne zu fest zu drücken, da der Reis noch aufquillt. Die gefüllten Blätter in einer niederen Pfanne anrichten und mit dem Zitronensaft, $\frac{1}{2}$ Tasse Olivenöl und 1 Tasse Wasser (warm) übergiessen. Einen Teller auf die Dolmadakia legen, damit sie sich nicht öffnen. Zugedeckt bei mässiger Hitze etwa 1 Stunde kochen. In der Pfanne erkalten lassen und als kalte Vorspeise mit Joghurt servieren, oder als Hors'doeuvre mit «taramosalata» (Sauce aus Eiern vom Kabeljau oder Meer - Aesche oder Seebarbe).

Sommer - Salat

2 SALATE

ARTISCHOCKEN-SALAT
(Aginares salata)

8 mittelgrosse Artischocken
2 Zitronen
Olivenöl
Salz, Pfeffer

Die äusseren Blätter der Artischocken entfernen. Einen Teil der Stiele abschneiden und die Blätter auf 2,5 cm kürzen. Der Länge nach teilen und den Flaum entfernen. In eine Pfanne mit gesalzenem kochendem Wasser unter Beigabe von Zitronensaft und einem Suppenlöffel Olivenöl geben und 30 Minuten kochen, bis die Artischocken weich sind. Gut abtropfen und anrichten. Mit einer Sauce von ½ Tasse Olivenöl, 4 Suppenlöffeln Zitronensaft und Pfeffer, servieren.

AUBERGINEN-SALAT
(Melitsanosalata)

3-4 lange Auberginen
1 kleine Zwiebel, gerieben
1-2 Knoblauch-Zehen, zerdrückt
1 grosse Tomate, geschält und in kleine Stücke geschnitten
$\frac{3}{4}$ Tasse Olivenöl
1 Suppenlöffel Essig
Salz, Pfeffer
schwarze Oliven
Peperoni grün

Die Auberginen im Ofen bei mässiger Hitze 1 Stunde kochen, bis sie weich sind und die Haut schwarz ist, was dem Salat einen Rauchgeschmack verleiht. Die Auberginen schälen, solange sie heiss sind und in kleine Stücke schneiden. Mit der Zwiebel, dem Knoblauch, der Tomate, Oel, Essig, Salz und Pfeffer vermengen. Anrichten und mit schwarzen Oliven und Lauch-Ringen garnieren. Zu gegrilltem Fleisch, Braten, gebackenem oder gegrilltem Fisch servieren. Proportionen für 6 Personen.

RUNKELRÜBEN-SALAT
(Pantsaria salata)

Junge Runkelrüben
Salz
Vinaigrette
oder «Scordalia» (Knoblauch-Sauce)

Die Blätter der Runkelrüben entfernen, waschen und in einer Pfanne mit kaltem Wasser bedecken, salzen und 20 Minuten kochen. Sodann die Runkelrüben den Blättern beifügen und nochmals 20 Minuten kochen. Abtropfen, die Rüben schälen und in Scheiben schneiden. In einer Salatschüssel Stiele und Blätter anrichten und mit Vinaigrette übergossen servieren, oder mit einer Knoblauch-Sauce.

SALAT AUS BOHNEN
(Fasolakia mavromitika salata)

2 Pfund Bohnen, frisch oder gedörrt
½ Tasse Olivenöl
4 Suppenlöffel Essig
1-2 Knoblauch - Zehen, zerdrückt (wahlweise)
Salz, Pfeffer
Tomaten, Zwiebeln, schwarze Oliven

Die Bohnen weich kochen. Abtropfen. Eine Vinaigrette herstellen, mit dem Knoblauch vermischen und über die Bohnen giessen. Garniert mit Tomatenscheiben, Zwiebel-Ringen und schwarzen Oliven servieren. Proportionen für 4-5 Personen.
Frische Bohnen mit Knoblauch-Sauce servieren (scordalia).

ERBSEN-SALAT (aus Zypern)
(Chumus me tachini)

1 Pfund Erbsen
½ Teelöffel Doppelkohlensaures Natron
½ Tasse «tachini» oder Erdnuss-Butter
2 Zitronen
½ Tasse Olivenöl
2-3 Knoblauch-Zehen, zerdrückt
Salz, Pfeffer
Petersilie, gehackt

Die Erbsen mit Wasser bedecken, das Doppelkohlensaure Natron beifügen und eine Nacht ruhen lassen. Am nächsten Tag abtropfen lassen und waschen. In eine Pfánne mit kaltem Wasser legen und 2 Stunden oder bis die Erbsen weich sind, kochen. Abtropfen und durch ein Sieb streichen.
Das «tachini» mit 2-3 Suppenlöffeln Wasser schlagen bis die Mischung glatt ist. Das Erbsen-Puree mit dem «tachini», dem Zitronen saft und dem Olivenöl gut vermengen und Knoblauch, gehackte Petersilie, Salz und Pfeffer beifügen. Einige Stunden im Kühlschrank aufbewahren und mit hegackter Petersilie bestreut servieren. Das «tachini» wird aus gemahlenen Sesamkernen hergestellt, ist crèmeartig und hat einen Geschmack ähnlich wie die

Erdnuss-Butter. Die Griechen benützen es als Zugabe zu Suppen (Tachinosoupa) oder zu Kuchen (Tachinopitta), besonders während der Fastenzeit.

JOGHURTSALAT MIT GURKEN UND KNOBLAUCH
(Satziki)

- 1 mittelgrosse Gurke, schälen und zerschneiden
- ½ Liter Joghurt
- 1 Suppenlöffel Olivenöl
- 1 Teelöffel Essig
- ½ Teelöffel Salz
- 1 Teelöffel Dill, gehackt
- 1 Knoblauch-Zehe, zerkleinert oder
- ¼ Teelöffel Knoblauch-Pulver

Alle Zutaten vermischen und eine Stunde zugedeckt kaltstellen, damit sich das Aroma entwickelt. Servieren als Würze zu gegrilltem Fleisch, gabackenen Auberginen oder Courgetten.

LÖWENZAHN-SALAT
(Radikia vrasta salata)

Die Wurzeln entfernen, die Blätter verlesen, mit Wasser waschen und abtropfen. In Salzwasser etwa 15 Minuten kochen. Gut abtropfen lassen und mit einer Sauce aus Olivenöl und Zitronensaft übergiessen. Kalt zu gebackenem Fisch oder gegrilltem Fleisch servieren.
Der Löwenzahn-Salat ist im Winter der am meisten geschätzte Salat in Griechenland.

BROCOLI-SALAT
(Brokola salata)

- 3-4 Pfund frische Brocoli
- Salz
- ½ Tasse Olivenöl
- Saft von 2 Zitronen

Die Brocoli zurichten und waschen. In eine Pfanne mit kochendem Salzwasser, mit dem Kopf nach oben, stellen. Zugedeckt etwa 20

Minuten, oder bis sie weich sind, kochen. Abtropfen. Das Olivenöl mit dem Zitronensaft schlagen und damit die Brocoli übergiessen. Proportionen für 4-5 Personen.

GEKOCHTER BLUMENKOHL
(Kounoupidi vrasto)

1 mittelgrosser Blumenkohl
Wasser, Salz
Olivenöl
Zitronensaft

Den Stiel abschneiden und die weichen Blätter bestehen lassen. Salzwasser weich kochen und abtropfen. Warm oder kalt servieren, übergossen mit Olivenöl und Zitronensaft als Hors d'oeuvre, oder als Salat. Proportionen für 5-6 Personen.

GRIECHISCHER SOMMERSALAT
(Salata therini)

3 Tomaten, zerteilt
1 Gurke, zerkleinert
1 Zwiebel, in Ringe geschnitten
2 Peperoni grün, in Ringe geschnitten
6 Suppenlöffel Olivenöl
2 Suppenlöffel weissen Essig
Salz, Pfeffer
$\frac{1}{3}$ Pfund Feta-Käse
2 Dutzend schwarze Oliven
Petersilie, gehackt oder Mayoran-Pulver

Alles Gemüse in einer Salatschüssel anrichten und mit der gut verrührten Vinaigrette übergiessen. Mit Feta-Würfeln und schwarzen Oliven garnieren und mit Petersilie oder Mayoran überstreuen.

LATTICH-SALAT
(Maroulosalata)

Den Salat verlesen, waschen und in schmale Streifen schneiden. Zwiebel-Ringe und gehackten, frischen Dill beifügen. Mit Salz überstreuen und mit Olivenöl und Zitronensaft, oder einer Vinaigrette übergiessen.

WEISSKOHL-SALAT
(Lachano salata)

Von einem kleinen, festen Weisskohl die äusseren Blätter entfernen. Fein zerschneiden (wie Julienne), waschen und abtropfen. Mit Salz überstreuen und mit Olivenöl und Zitronensaft, oder einer Vinaigrette übergiessen.

TOMATEN - UND GURKENSALAT
(Angourotomatosalata)

1 Pfund Tomaten, in Scheiben geschnitten
1 Gurke, geschält und zerkleinert
1 Zwiebel, in Ringe geschnitten
Olivenöl und Zitronensaft
oder Vinaigrette (siehe unter Saucen)
Salz, Pfeffer
Mayoran getrocknet, oder
Petersilie gehackt

In einer Salatschüssel die Gurke, die Tomaten und die Zwiebel anrichten und mit Olivenöl und Zitronensaft, oder mit einer Vinaigrette übergiessen. Nach Belieben würzen. Mit Mayoran oder der gehackten Petersilie überstreuen.
Proportionen für 4 Personen.

SALAT AUS WEISSEN BOHNEN
(Fasolia salata)

1 Pfund weisse Bohnen
2 Teelöffel Salz
½ Tasse Olivenöl
Saft einer Zitrone,
oder Essig
Petersilie, Dill oder Pfefferminz
Zwiebeln, getrocknete oder frische
Frühjahrs-Zwiebeln

Die weissen Bohnen während einer Nacht einweichen. Abtropfen. In einer Pfanne mit kaltem Wsser bedecken und 1 ½ Stunden, oder bis sie weich sind, kochen. Abkühlen und abtropfen lassen.
In einer Salatschüssel das Oel, den Zitronensaft oder 2 Suppenlöffel Essig gut verrühren, die Bohnen dazu geben und vermengen. Mit gehackter Petersilie, Dill oder Pfefferminzblättern überstreuen und die Zwiebeln beifügen.

WEISSE SAUCE (Bechamel)
(Saltsa bechamel)

4 Suppenlöffel Butter	¼ Teelöffel Pfeffer
6 Suppenlöffel Mehl	1 Messerspitze Muskatnuss (wahlweise)
1 Teelöffel Salz	2 Tassen Milch

Die Butter bei schwachem Feuer schmelzen, Mehl, Salz, Pfeffer und Gewürz beifügen und gut rühren, bis eine homogene Masse entsteht. Vom Feuer nehmen und langsam unter ständigem Rühren die Milch dazu giessen. Auf das Feuer geben und leicht kochen lassen, bis die Sauce glatt und dick ist. Proportionen für 2 Tassen. Mit Eiern: Nach Eindicken der Sauce, vom Feuer nehmen und 2 leichtgeschlagene Eier, unter ständigem Rühren unter die Sauce ziehen.

KNOBLAUCH-SAUCE
(Skordalia)

6-8 Knoblauch-Zehen	2 Tassen eingeweichte Brotkrume
1 Teelöffel Salz	½ Tasse Olivenöl
2 Tassen gestossene Kartoffeln oder	¼ Tasse Essig

In einem Mörser die geschälten Knoblauch-Zehen unter Beigabe des Salzes zerstossen und sodann mit den Kartoffeln oder dem Brot vermengen. Gut verarbeiten, bis eine homogene Masse entsteht. Nacheinander und nach und nach langsam das Olivenöl und den Essig zugiessen, unter Umrühren der Sauce mit dem Stössel. Oder im Mixer die Kartoffeln zu Purée rühren, den Knoblauch beigeben und das Olivenöl und den Essig tropfenweise zugiessen, bis die Masse die Flüssigkeit absorbiert hat. Die Mischung schlagen, bis die Sauce dick ist. Zu gekochtem oder gebratenem Fisch, gebackenen Auberginen oder Courgetten servieren, oder zu Runkelrüben-Salat. Proportionen für 6 Personen.

Mit Nüssen: mit dem Knoblauch ½ Tasse Nüsse oder geschälte, gemahlene Mandeln zerstossen.

Knoblauch-Sauce im Mixer zubereitet: in den Mixer-Becher 3-4 Knoblauch-Zehen, ½ Teelöffel Salz, 2-3 Suppenlöffel Essig, 1 Tasse Brotkrume, ½ Tasse Wasser und 5 Suppenlöffel Olivenöl geben. Schlagen, bis die Masse homogen ist. Sollte diese nicht genügend dick sein, 1-2 Löffel Paniermehl beifügen.

EIER- UND ZITRONENSAUCE I
(Avgholemono I)

3 Eier
Saft 1 grossen Zitrone
1 Tasse heisse Bouillon, dem Kochwasser der die Sauce begleitenden Speise entnommen

Die Eier mit dem Zitronensaft schlagen. Unter ständigem Rühren langsam die Bouillon dazu giessen. Diese Sauce mit Suppe oder Ragout vermischen und auf schwachem Feuer bis zum Eindicken rühren. (Nicht kochen lassen, da die Sauce sich scheiden würde). Diese Sauce wird vielen griechischen Speisen als letzte Verfeinerung beigefügt.

EIER- UND ZITRONENSAUCE II
(Avgholemono II)

2 Suppenlöffel Butter oder Margarine
3 Suppenlöffel Mehl
2 Tassen heisse Bouillon
2-3 Eigelb
Saft einer Zitrone
Petersilie, fein gehackt

Bei schwachem Feuer oder im Wasserbad die Butter erwärmen.

Das Mehl beifügen und rühren, bis eine glatte Masse entsteht. Die Bouillon beigeben und bei schwachem Feuer zum Kochen bringen. Ueber einem Gefäss mit warmem Wasser (nicht kochend) warm halten. Die Eier in einer kleinen Tasse mit dem Zitronensaft schlagen und langsam einige Suppenlöffel der obenerwähnten warmen Sauce damit vermengen. Sodann diese Mischung in die sich im Wasserbad befindenden Sauce giessen und 2-3 Minuten rühren. Vom Feuer nehmen und 1 Suppenlöffel gehackte Petersilie beifügen.

Die Bouillon der zur Sauce bestimmten Speise verwenden, d.h. Bouillon von Kalbfleisch, Huhn, Gemüse oder Fisch.

FISCHEIER-SALAT I
(Taramosalata I)

2 mittelgrosse gekochte Kartoffeln
100 gr. Fischeier (tarama)
1 Tasse Olivenöl
Saft von 1 ½ Zitronen
2 Suppenlöffel Essig
2 Suppenlöffel Wasser
1 kleine geriebene Zwiebel (wahlweise)

Den Mixer auf eine mittlere Geschwindigkeit einstellen und darin die Fischeier (tarama) mit den Kartoffeln mischen, bis eine homogene Masse entsteht. Langsam das Olivenöl, den Zitronensaft, den Essig und das Wasser beifügen und weiter zu einer leichten Crème mixen. Nach Belieben Zwiebeln beigeben.

Als Hors d'oeuvre, garniert mit Oliven, Kapern und Petersilie servieren, begleitet von Salz-Bisquits oder Chips.

FISCHEIER-SALAT II
(Taramosalata)

Taramosalata im Mixer zubereitet: 2 Scheiben altbackenes Brot, in kleine Stücke geschnitten, ¾ von 1 Tasse Wasser, 100 gr. Fischeier (tarama), 1 Tasse Olivenöl und den Saft von 1 ½ Zitronen in den Mixbecher geben. Bei mittlerer Geschwindigkeit mischen, bis eine glatte Sauce entsteht.

SALAT-SAUCEN (aus Zitronen oder Essig mit Olivenöl)
Ladolemono i ladoxido

⅓ Tasse Olivenöl
2-3 Suppenlöffel Zitronensaft oder Essig
Salz, Pfeffer
Petersilie, gehackt

Das Oel mit dem Zitronensaft oder dem Essig schlagen und Salz, Pfeffer und Petersilie beimischen.

Die Sauce mit Zitronensaft (ladolemono) wird zu gekochtem oder gebratenem Fisch, zu Muscheln und zu allen rohen oder gekochten Gemüsen serviert, d.h. Gemüse-Salat.

Die Sauce mit Essig (ladoxido) begleitet rohe Salate.

MAYONNAISE
(Mayionnesa)

2 Eigelb
1 Teelöffel Senfpulver (wahlweise)
1 Teelöffel Zucker
½ Teelöffel Salz
1 Messerspitze Cayenne-oder weissen Pfeffer
2-3 Suppenlöffel Zitronensaft oder Essig
2 Tassen Olivenöl

Die Eigelb, den Senf, Zucker, Salz und Pfeffer zusammen schlagen. Einen Suppenlöffel Zitronensaft oder Essig beifügen und gut rühren. Unter fortwährendem Schlagen zuerst tropfenweise, dann schneller das Olivenöl beigeben, bis zum Eindicken der Sauce. Sodann langsam den Rest des Zitronensaftes oder des Essigs dazu rühren und gut schlagen.

TOMATEN-SAUCE I
(Saltsa tomata I)

2 ½ Pfund reife Tomaten, in Viertel zerteilt
2 Teelöffel Salz
1 Suppenlöffel Zucker
¼ Tasse Butter oder Margarine
1 Suppenlöffel Mehl
Pfeffer, Basilikum getrocknet (wahlweise)

Die Tomaten mit dem Salz und dem Zucker 15 Minuten kochen. Durch ein Sieb streichen und nochmals 20 Minuten, oder bis zum Eindicken, kochen. Mehl und Butter zu Mehlbutter kneten und der Tomatensauce beifügen und auf schwachem Feuer 5 Minuten unter ständigem Rühren kochen.
Nach Belieben der Mehlbutter Pfeffer und ¼ Teelöffel Basilikum beimischen.

TOMATEN-SAUCE II (mit Olivenöl)
(Saltsa tomata me ladi)

½ Tasse Olivenöl
2 Knoblauch-Zehen, gehackt
Petersilie, gehackt
2 Pfund reife Tomaten, geschält und in Scheiben geschnitten
1 ½ Teelöffel Salz
¼ Teelöffel Pfeffer
1 Suppenlöffel Zucker
¼ Teelöffel Basilikum, getrocknet (wahlweise)

In einer Pfanne das Oel erwärmen und mit dem Knoblauch und 3 Suppenlöffeln Petersilie 3 Minuten auf schwachem Feuer kochen. Die übrigen Zutaten beigeben und zugedeckt 45 Minuten lang, oder bis zum Eindicken, kochen lassen.

TOMATEN-SAUCE III (mit Butter)
(Saltsa tomata me voutiro)

½ Tasse Butter oder Margarine
1 mittelgrosse Zwiebel, fein gehackt
1 gelbe Rübe, zerschnitten
1 Sellerie-Stengel, zerschnitten
2½ Pfund reife Tomaten, geschält und in Scheiben geschnitten
2 Suppenlöffel konzentriertes Tomaten-Mark
1 ½ Teelöffel Salz
½ Teelöffel Pfeffer
1-2 Teelöffel Zucker

Die Butter in einer Pfanne erwärmen und darin die Zwiebel, die gelbe Rübe und den Sellerie kochen. Die übrigen Zutaten beifügen und etwa 1 Stunde, oder bis zum Eindicken, kochen lassen. Nach Belieben würzen.

Um eine glatte Sauce zu erhalten, durch ein Sieb streichen und aufwärmen. Es können auch Tomaten aus der Konserve verwendet werden.

TOMATEN-SAUCE MIT HACK-FLEISCH
(Saltsa tomata me kima)

½ Tasse Butter oder Olivenöl
1 kleine Zwiebel, fein gehackt
1 Knoblauch-Zehe, zerdrückt (wahlweise)
1 Pfund Hack-Fleisch
Salz, Pfeffer
½ Tasse Rotwein
1 Büchse Tomaten
Petersilie, gehackt

In einer Bratpfanne Zwiebel und Knoblauch mit dem Oel anbraten. Das Fleisch, Salz und Pfeffer beifügen und einige Minuten mit einer Gabel rühren. Den Wein, die Tomaten und Petersilie beigeben und 1 Stunde, oder bis zum Eindicken, leicht kochen lassen. Zu Teigwaren, Spaghetti oder Reis servieren.

Blätter aus Teig

4 TEIG - PASTETEN

BLÄTTER AUS TEIG (phyllo)

Phyllo ist ein reiner, papierdünner Teig, der für die meisten griechischen Patisserien und Pasteten verwendet wird, sowohl für die Herstellung süsser oder gesalzener Speisen. Man kann diesen Teig vorbereitet und nach Gewicht in Spezialgeschäften beziehen.
Selbstherstellung dieses Teiges:

1 Pfund Mehl
1 Teelöffel Salz
3-4 Suppenlöffel Olivenöl
1 Tasse Wasser oder
2 geschlagene Eier und
½ Tasse Wasser
Mehl zum verarbeiten

Das Mehl und das Salz in ein grosses Gefäss sieben. Mit den Händen das Mehl mit dem Oel verarbeiten und die Tasse Wasser, oder die geschlagenen Eier mit ½ Tasse Wasser, beimischen. Den Teig auf einem mit Mehl bestäubten Brett verarbeiten, bis er fest und elastisch ist. Wenn nötig, noch etwas Mehl beifügen. Den Teig zugedeckt während 30 Minuten ruhen lassen.

Aus diesem Teig acht Kugeln formen und diese papierdünn auswallen.

TEIG FÜR PASTETEN
(Simi yia pittes)

- 4 Tassen Mehl
- 1 Teelöffel Salz
- 1 Teelöffel Weinsteinrahm
- 1 ½ Tassen Margarine oder Butter
- Etwa 1 Tasse frisches Mineralwasser
- 6 Suppenlöffel Butter
- ½ Tasse Mehl

Das Mehl mit dem Weinsteinrahm durch ein Sieb treiben. Die Margarine oder Butter in nussgrosse Stücke schneiden und löffelweise mit dem Mineralwasser begiessen. Zur Herstellung des Teiges das Mehl nur unter Verwendung des Mineralwassers verarbeiten. Den Teig leicht mit den Händen flachdrücken und mit Pergament-Papier umhüllt kaltstellen.

Sodann den Teig auf 1 cm Dicke auswallen, mit Butter bestreichen und mit Mehl bestäuben. Eine Rolle formen und der Länge nach wieder auswallen und so falten, dass 3 Schichten entstehen. Die Enden auf gleiche Weise nochmals falten, um im Ganzen 9 Schichten zu erhalten. In Pergament-Papier hüllen und ruhen lassen. Wenn der Teig bereit ist, diesen auf 1 cm Dicke auswallen.

FLEISCH-PASTETE AUS KEPHALONIEN
(Kreatopitta Kefalonitiki)

- 2 ½ Pfund mageres Lammfleisch
- 1 gehäuften Suppenlöffel Butter
- ½ Tasse warmes Wasser
- 2 Teelöffel Salz
- ½ Teelöffel Pfeffer
- 2 Knoblauch-Zehen zerdrückt
- Petersilie gehackt
- ½ Tasse Weisswein
- ⅓ Tasse Reis, roh
- 3 mittelgrosse Tomaten, geschält und in Scheiben geschnitten
- 3 hartgekochte Eier in Scheiben geschnitten
- ¾ Pfund Feta-Käse, zerdrückt
- Blätterteig (phyllo) (siehe Rezept)

Das Fleisch in nussgrosse Stücke schneiden. Die Butter mit dem Wasser in einer grossen Bratpfanne erwärmen. Das Fleisch, den Knoblauch, Petersilie, Salz und Pfeffer beifügen, zudecken und 30 Minuten kochen. Den Wein dazu giessen und unzugedeckt noch 20 Minuten kochen lassen. Vom Feuer nehmen und den Reis, die Tomaten, die Eier und den Feta-Käse beimischen.
Einen Phyllo-Teig ohne Eier herstellen und in eine grössere und eine kleinere Hälfte teilen, sowie auf 1 cm Dicke auswallen.
Eine mit Butter ausgestrichene Backform von 30 × 32 cm Grösse mit dem grösseren Teil des Teiges belegen, mit der Masse auffüllen und mit dem Rest des Teiges bedecken. Die Ränder befeuchten und gut andrücken. Mit einer Gabel Einstiche machen und in der Mitte ein kleines Loch ausschneiden. Mit Butter bestreichen und in mässig heissem Ofen etwa 1 Stunde backen. Während dem Backen einige Löffel Bouillon oder Milch in das Loch giessen.

KÄSE-PASTETCHEN
(Tiropittes)

Pasteten-Teig (siehe Rezept) 1 Pfund Feta-Käse, zerdrückt

Den Teig auf 1 cm Dicke auswallen und runde Scheiben von 10 cm Durchmesser ausschneiden. In die Mitte je 1 gehäuften Suppenlöffel Käse legen, mit einer Teig-Scheibe bedecken, die Ränder befeuchten und gut zudrücken. Mit Ei bestreichen und in heissem Ofen 15 Minuten backen. Heiss servieren.
Nach Belieben kann dem Käse ein geschlagenes Ei, gehackte Petersilie und Pfeffer beigefügt werden, oder der Feta kann durch 2 Tassen «kefalotiri» und geriebenen Greyerzerkäse, vermischt mit 3 geschlagenen Eiern, ersetzt werden.

KÄSE-PASTETE I
(Tiropitta I)

6 Suppenlöffel Butter
8 Suppenlöffel Mehl
2 Tassen Milch
1 Teelöffel Salz
1 Messerspitze Muskatnuss gemahlen
1 Pfund Feta-Käse
1 Tasse geriebenen Käse (Kefalotiri oder Parmesan)
4 Eier, Petersilie, gehackt
$\frac{3}{4}$ Pfund Blätterteig (phyllo)
$\frac{3}{4}$ Tasse geschmolzene Butter

Die Butter in einer kleinen Pfanne auf leichtem Feuer schmelzen lassen. Das Mehl nach und nach beifügen und rühren, bis die Masse glatt ist. Sodann unter fortwährendem Rühren langsam die Milch darunter mischen. Das Salz und die Muskatnuss dazu geben und 5 Minuten, oder bis zum Eindicken der weissen Sauce, schwach kochen lassen. Den Feta mit einer Gabel zerdrücken und mit dem geriebenen Käse, den geschlagenen Eiern, der Petersilie und der Bechamel-Sauce vermischen. Eine Backform von 25 × 30 cm Grösse mit Butter bestreichen und bis zum Rand mit Teig auslegen (nur die Hälfte des Teiges verwenden und die Teigblätter mit Butter bepinseln). Die Form mit der Masse füllen und mit dem Rest des Teiges bedecken. Mit Butter bestreichen und mit dem Messer alle 7,5 cm Einschnitte machen. Bei mässiger Hitze im Ofen etwa 45 Minuten goldgelb backen. In viereckige Stücke schneiden und heiss servieren.

KÄSE-PASTETE II (aus Rumelien, kontinentales Griechenland)
(Tiropitta Roumeliotiki)

1 Pfund Feta-Käse
$2\frac{1}{3}$ Tassen Milch
6 geschlagene Eier
1 Tasse Butter, geschmolzen
1 Pfund Blätterteig (phyllo)

Den Feta mit einer Gabel zerdrücken, mit der Milch vermischen und die geschlagenen Eier beifügen. Eine Backform von 25 × 30 cm Grösse mit Butter bestreichen und mit 2 mit Butter bepinselten

Teig-Blättern bis an den Rand auslegen. Ein drittes, etwas zerknittertes Teig-Blatt dazu geben und darauf 1 Tasse der Füllmasse. Auf gleiche Weise weiterfahren, bis der Käse aufgebraucht ist. Mit 3 Teig - Blättern bedecken und mit Butter bestreichen. Mit einem Messer auf dem Deckel Vierecke einschneiden und im Ofen bei mässiger Hitze etwa 45Minuten goldgelb backen.In Vierecke schneiden und heiss servieren.

KÄSE-PASTETE III (aus Thessalien)
(Tiropitta strifti i klostopitta)

2½ Tassen Mehl
½ Tasse Wasser
1 Suppenlöffel Essig
1 Teelöffel Salz
2 Suppenlöffel Olivenöl
Maizena
1 Pfund Feta-Käse, zerdrückt
3 Eier, leicht geschlagen
½ Tasse Olivenöl

Mit dem Mehl, dem Wasser, dem Essig und dem Salz einen festen Teig zubereiten. Unter Beigabe des Olivenöls verarbeiten. Während 1 Stunde ruhen lassen.
Den Feta mit den Eiern vermischen.
Den Teig in 4 Kugeln aufteilen und jede Kugel papierdünn auswallen (phyllo) und leicht mit Maizena bestäuben. Ein Teig-Blatt reichlich mit Butter bestreichen und mit einem Teil der Füllmasse belegen. Eine Rolle und dann damit einen Ring formen, ohne Oeffnung in der Mitte. Auf ein bebuttertes Backblech legen, und mit Käse-Masse bestreuen. Auf gleiche Weise fortfahren und die anderen Ringe um den ersten Ring, nicht zu nahe aneinander, legen. Mit Olivenöl bestreichen und in mässig heissem Ofen etwa 45 Minuten backen. Während dem Backen mit Milch befeuchten.

KÄSE-PASTETCHEN AUS KRETA
(Kaltsounia)

2 Tassen Mehl
2 Teelöffel Salz
1 gehäufter Suppenlöffel Butter
10 Suppenlöffel Wasser

2 Pfund Haus-Käse (mitzithra oder wenn nicht erhältlich Zieger)
1 Ei, leicht geschlagen
Sesam-Kerne

Mit dem Mehl, dem Wasser und 1 Teelöffel Salz einen festen Teig herstellen und zugedeckt 1 Stunde ruhen lassen.
Mit einer Gabel den Käse zerdrücken und den Rest des Salzes beifügen. Den Teig auf 1 cm Dicke auswallen und runde Scheiben von 10-12 cm Durchmesser ausschneiden. In die Mitte jeder Scheibe einen gehäuften Suppenlöffel Käse legen, die Ränder befeuchten, falten und andrücken. Mit dem Ei bestreichen und mit den Sesam-Kernen bestreuen. Etwa 30 Minuten in mässig heissem Ofen backen.
Nach Belieben, das Wasser durch Orangensaft oder Mineralwasser ersetzen, oder die Eier und die Sesam-Kerne weglassen. In viel Butter oder Olivenöl backen und heiss mit Zucker bestreut servieren.

POULET IN TEIG I
(Kotopitta I)

1 Poulet von etwa 3 Pfund
1 Tasse Zwiebel-Ringe
5-6 Stück Pfefferkörner
1 Sellerie-Stange
2 Teelöffel Salz
1 Tasse Butter oder Margarine

5 Eier, leicht geschlagen
1 Tasse geriebenen Käse
2 Tassen Bechamel (siehe unter Saucen)
Muskatnuss (wahlweise)
1 Pfund Blätterteig (phyllo)

Das Poulet waschen und mit den Zwiebeln, dem Pfeffer, dem Sellerie und 3 Tassen kochendem Wasser in eine Kasserolle geben. Zudecken und etwa 2 Stunden, oder bis das Poulet weich ist,

Lamm - Pastete (aus Kreta)

leicht kochen lassen. Während der letzten Kochstunde salzen. Vom Feuer nehmen. Die Haut und die Knochen entfernen und das Fleisch schnetzeln. In die Pfanne zurücklegen und mit 2 Suppenlöffeln Butter und den Zwiebeln kochen lassen, bis die Flüssigkeit verdampft ist. Abkühlen und die Eier, den Käse, die Bechamel und die Muskatnuss beifügen.

Eine Gratinplatte von 22×32 cm Grösse mit Butter bestreichen. Den Boden und die Seiten mit 5-6 Blättern Teig belegen, jedes Blatt separat mit Butter bepinselt. Gleichmässig die Füllung darauf verteilen und mit dem Rest der bebutterten Teig-Blätter zudecken. Quer in Abständen von 7 cm Einschnitte in die obersten 3 Teig-Blätter machen, mit Butter bestreichen und mit Wasser befeuchten. In mässig heissem Ofen etwa 45 Minuten backen. In breite Sreifen schneiden und heiss servieren.

POULET IN TEIG II
(Kotopitta II)

Wie beim vorangehenden Rezept vorgehen, jedoch das Poulet

durch ein gekochtes Suppen-Huhn, in kleine Stücke geschnitten, ersetzen, das in Butter mit Zwiebeln angebraten wurde.

LAMM-PASTETE (aus Kreta)
(«Tourta» Kreatopitta Kritis)

1 Lammkeule von etwa 2½ Pfund
1 Tasse Wasser
Salz, Pfeffer
Kümmel gemahlen oder
Pfefferminz gehackt
½ Tasse Butter
4½ Tassen Mehl
½ Tasse Rahm
1¼ Pfund Haus-Käse (Cottage-cheese) oder in Ermangelung: Zieger
1 Ei, Sesam-Kerne

Das Fleisch in Stücke schneiden und waschen. In eine Kasserolle mit Wasser, 2 Teelöffel Salz und den Pfeffer geben, zudecken und 30 Minutem leicht kochen lassen. Abkühlen und die Knochen entfernen.

Das Mehl mit 1 Teelöffel Salz in ein Gefäss sieben, die Butter beigeben und mit einer Gabel vermischen. Das notwendige Quantum Lamm-Bouillon oder Milch beifügen, um einem dicken Teig zu erhalten. Während einigen Minuten verarbeiten und in zwei Stücke teilen. Die eine Hälfte auf 7 mm Dicke auswallen, so daβ eine Kreisfläche entsteht, etwas grösser als der Boden Ihrer Gratinplatte (diese hat 30 cm Durchmesser). Die Gratinplatte mit dem Teig belegen und darauf die Fleischstücke, vermischt mit kleinen Käse-Stücken, verteilen. Auch darüber Käse-Stücke legen. Mit Pfefferminz bestreuen und den Rahm darüber giessen. Mit dem Rest des Teiges einen Deckel in gleicher Dicke auswallen, auf die Gratinplatte legen und andrücken. Mit Ei bestreichen und mit den Sesam-Kernen bestreuen. In mittlerer Hitze etwa 45 Minuten goldgelb backen. Heiss servieren Proportionen für 8 Personen.

LAMM-PASTETE II

(Kreatopitta)

Nach dem vorangehenden Rezept vorgehen, jedoch das Fleisch in nussgrosse Stücke schneiden und in Butter mit 2 mittelgrossen, fein geschnittenen Zwiebeln anbraten. 2-3 frische, fein geschnittene Frühjahrs-Zwiebeln, gehackte Petersilie und an Stelle von Kümmel Dill beifügen. Feta-Käse verwenden.

FLEISCH-PASTETE

(Kreatopitta)

- 2 Pfund Hackfleisch
- 5-6 Frühjahrs-Zwiebeln oder
- 2 mittelgrosse Zwiebeln fein geschnitten
- ½ Tasse Butter oder Olivenöl
- 2 Teelöffel Salz
- ½ Teelöffel Pfeffer
- 3 Eier, geschlagen
- ½ Tasse Paniermehl
- 1 Tasse geriebenen Käse (kefalotiri oder Parmesan)
- Petersilie, gehackt
- ¾ Pfund Blätterteig (phyllo)
- ¾ Tasse Olivenöl

Das Fleisch mit den Zwiebeln in der Butter oder im Olivenöl anbraten. Vom Feuer nehmen und die übrigen Zutaten beigeben, ausser dem Blätterteig und dem Olivenöl. Gut vermischen. Eine Gratinplatte von 22×32 cm Grösse mit Oel bestreichen und mit 6 Teig-Blättern, jedes einzelne bebuttert, belegen, so daβ der Teig über den Rand hinausragt. Das Fleisch gleichmässig darauf verteilen. Mit dem Rest der mit Butter bestrichenen Teig-Blätter zudecken, den Rand zufalten und andrücken. Quer in Abständen von 7,5 cm auf den obersten 3 Blättern Einschnitte anbringen. Mit dem Rest des Oeles bestreichen und mit Wasser befeuchten. Im Ofen bei mittlerer Hitze etwa 45 Minuten backen. In Vierecke schneiden und heiss servieren.

HACKFLEISCH-PASTETCHEN (Zypern)
(Bourekia apo Kima)

2½ Tassen Mehl
1 Teelöffel Salz
4 Suppenlöffel Olivenöl
1 Suppenlöffel Zitronensaft
5 Suppenlöffel Wasser

Füllung:
1 grosse Zwiebel, fein geschnitten
4 Suppenlöffel Butter
1½ Pfund Hackfleisch
½ Teelöffel Zimt
½ Teelöffel Muskatnuss
½ Teelöffel Nelken
(alles gemahlen)
Petersilie, gehackt
1½ Teelöffel Salz
Oliven-oder Maisöl zum Backen.

2 Tassen Mehl mit dem Salz sieben. Das Olivenöl beifügen und mit einer Gabel mischen. Mit dem Zitronensaft und dem Wasser zu einem festen Teig verarbeiten. Zudecken und 1 Stunde ruhen lassen.

Die Zwiebel in Butter anbraten und kochen lassen. Das Hackfleisch und die übrigen Zutaten, ausser dem Olivenöl, dazu geben und einige Minuten unter Umrühren kochen. ½ Tasse Wasser dazu giessen und 30 Minuten kochen. Erkalten lassen. Den Teig auf 3 mm Dicke auswallen und runde Scheiben von 8-12 cm Durchmesser ausschneiden. Auf jede Scheibe 2 Suppenlöffel der Füllmasse legen, die Ränder befeuchten. Die «bourekia» schwimmend in viel Oel bei mittlerer Hitze goldgelb backen. Heiss servieren. In Zypern wird für die Friture Erdnuss-Oel verwendet.

SPINAT-PASTETE
(Spanakopitta)

Füllung aus Spinat I:

3½ Pfund Spinat, gewaschen und geschnitten
1 Suppenlöffel Salz
5-6 Frühjahrs-Zwiebeln geschnitten
½ Tasse Olivenöl
½ Tasse Reis, roh
½ Tasse Korinthen (Rosinen) (wahlweise)
Petersilie und Dill, gehackt
Pfeffer

Das Salz mit der Hand in den Spinat einreiben und 1 Stunde ruhen lassen. Die Flüssigkeit ausdrücken. Die Zwiebeln im Olivenöl anbraten, den Spinat beifügen und einige Minuten kochen. Den Reis, die Rosinen, die Petersilie, Dill und Pfeffer beigeben. Zudecken und 10 Minuten kochen. Abkühlen lassen.

Füllung aus Spinat II:

- 3½ Pfund Spinat, gewaschen und geschnitten
- ½ Tasse Butter oder Olivenöl
- Salz, Pfeffer
- 5 Eier, geschlagen
- ½ Tasse Paniermehl oder
- 1 Tasse Bechamel (siehe Saucen)
- 1 Tasse Käse gerieben (Kefalotiri oder Parmesan)
- Petersilie, gehackt

Den Spinat bei kleinem Feuer einige Minuten dämpfen. Abtropfen und einige Minuten in Butter anbraten. Vom Feuer nehmen und 2 Teelöffel Salz, den Pfeffer, die Eier, das Paniermehl oder die Bechamel, den geriebenen Käse und die Petersilie darunter mischen.

Füllung aus Spinat III:

- 3½ Pfund Spinat
- Salz, Olivenöl
- 4-5 Frühjahrs-Zwiebeln, geschnitten
- ¾ Pfund Feta-Käse
- 2-3 Eier, geschlagen
- Gehackte Petersilie und Dill

Den Spinat waschen und fein hacken. 1 Suppenlöffel Salz mit der Hand in den Spinat reiben. 1 Stunde ruhen lassen. Die Flüssigkeit ausdrücken. ⅓ Tasse Olivenöl, die Zwiebeln, den Feta, die Eier, Petersilie, Dill und Pfeffer darunter mischen.

Pasteten-Herstellung: Eine der obenerwähnten Füllungen vorbereiten. Eine Backform von 35×25×5 cm Grösse mit Butter bestreichen und mit einem Teig-Blatt (phyllo),das mit Oel reichlich bepinselt wurde, belegen. 6 weitere, mit Oel bestrichene Teig-Blätter dazugeben, so dass der Teig über den Rand der Form hinausragt. Die Füllung in die Form geben und mit 6, mit Oel bestri-

Kleine Spinat - Pastetchen (Kreta)

chenen Teig-Blättern zudecken. Den Deckel mit Oel bestreichen und auf den 3 obersten Teig-Blättern auf der ganzen Länge der Pastete,mit Zwischenräumen von 7,5 cm Einschnitte anbringen. Mit Wasser befeuchten, damit die Pastete nicht aufquillt.

In mässig heissem Ofen 40-45 Minuten backen. Etwas abkühlen lassen. In Vierecke geschnitten, heiss oder kalt servieren. Proportionen für 20 Vierecke.

Verwenden Sie ungefähr 1 Pfund Teig und 1 Tasse Olivenöl.

KLEINE SPINAT-PASTETCHEN (Kreta)
(Spanakokaltsounia)

Blätterteig (phyllo) (siehe Rezept)

2½ Pfund Spinat, gewaschen und geschnitten

1 Teelöffel Salz

1 Pfund Cottage-cheese (in Ermangelung: Zieger)

2 Eier geschlagen

Pfeffer, Olivenöl

1 Ei, leicht geschlagen

Sesam-Kerne

Den Teig ohne Eier herstellen, zudecken und 1 Stunde ruhen lassen. Den Spinat mit Salz einreiben, 1 Stunde ruhen lassen und die Flüssigkeit gut ausdrücken. Den Käse, 2 Eier, den Pfeffer und 4 Suppenlöffel Olivenöl beimischen.
Den Teig auf 2 mm Dicke auswallen und Vierecke von 10 cm ausschneiden und auf deren Mitte 2 Suppenlöffel Füllmasse legen. Die Ränder befeuchten und die 4 Ecken gegen die Mitte falten und andrücken. Mit Ei bestreichen und mit Sesam-Kernen bestreuen.
Im Ofen bei mittlerer Hitze etwa 35 Minuten backen. Heiss servieren. Proportionen für 24 kleine Pastetchen.

KLEINE SPINAT-PASTETCHEN (Samos)
(Spanakopittes)

Füllung aus Spinat III (siehe Rezept)

¾ Pfund Blätterteig (phyllo)
etwa 1 Tasse Olivenöl

Die Füllung mit 2 Eiern herstellen.

Die Teig-Blätter in zwei Teile schneiden, mit Olivenöl bestreichen und der Länge nach zusammenlegen (falten). Auf eine Seite 3-4 Löffel Füllung legen, aufrollen und eine Schnecke formen. Die Pastetchen auf ein mit Oel bestrichenes Backblech legen und im Ofen 25-30 Minuten, oder bis sie goldgelb sind, backen. Heiss oder kalt servieren.

KÄSE-KÜCHLEIN (Zypern)
(Flaounes)

2 Pakete trockene Bier-Hefe oder 57 gr. frische Hefe
4 Suppenlöffel warmes Wasser
½ Tasse Butter
1 Suppenlöffel Zucker
2 Teelöffel Salz
½ Tasse warme Milch
1 Teelöffel gemahlenen Mastix
3 Eier
4-5 Tassen Mehl

Füllung:
¾ Pfund «haloumi» (Käse aus Zypern) oder
½ Pfund «kasseri» und
¼ Pfund «kefalotiri»
2 Suppenlöffel feinen Gries
1½ Teelöffel Backpulver
5 Eier, etwa
1 Suppenlöffel Pfefferminz gehackt
1 Ei, Sesam-Kerne

Die Hefe im warmen Wasser auflösen. Die Butter, den Zucker, das Salz der warmen Milch beimischen. Die lauwarme Hefe, den Mastix, 2 Eier und so viel Mehl dazugeben, um einen festen Teig zu erhalten. Verarbeiten und den Teig an einen warmen Ort zum Aufgehen stellen. Die Zutaten zu der Füllung vermischen, ausser 1 Ei und den Sesam-Kernen. Den Teig auf 1 cm Dicke auswallen und 6-8 runde Scheiben ausschneiden und auf deren Mitte 2-3 gehäufte Suppenlöffel der Füllmasse legen. Die Ränder befeuchten, falten, sodass kleine, viereckige Küchlein geformt werden und in der Mitte eine Oeffnung lassen. Zudecken und ruhen lassen, bis sich das Volumen verdoppelt hat (etwa 1 Stunde). Mit Ei bestreichen und mit den Sesam - Kernen bestreuen. Bei mittlerer Hitze im Ofen etwa 25 Minuten backen. Heiss oder kalt servieren.

EIER MIT TOMATEN
(Avgha me tomates)

- ½ Tasse Olivenöl
- 1 mittelgrosse Zwiebel in Würfelchen geschnitten
- 1½ Pfund Tomaten, geschält und in Scheiben geschnitten
- Salz, Pfeffer
- 1 Suppenlöffel Zucker
- 6 Eier, ganz oder geschlagen

In einer grossen Bratpfanne das Oel heiss werden lassen und darin die Zwiebel anbraten und kochen. Die Tomaten, das Salz, Pfeffer und den Zucker beigeben und 30 Minuten, oder bis die Tomaten gekocht sind, leicht kochen lassen. Die Eier darüber aufschlagen oder die geschlagenen Eier dazu giessen. Zudecken und noch 3-4 Minuten kochen lassen. Proportionen für 4 Personen.

COURGETTEN MIT EIERN
(Avgha me kolokithakia)

- 2 Pfund Courgetten
- ½ Tasse Butter
- Salz, Pfeffer
- Petersilie oder Dill, gehackt
- 6 Eier, geschlagen
- 4 Suppenlöffel geriebenen Käse

Die Courgetten waschen und in dicke Scheiben schneiden. In einer grossen Bratpfanne die Butter erwärmen, die Courgetten, die gehackte Petersilie, Salz, und Pfeffer beifügen. Zudecken und 30 Minuten kochen. Die Eier dazu geben, mit geriebenem Käse bestreuen und zugedeckt 3-4 Minuten kochen lassen. Proportionen für 4 Personen.
Nach Belieben, den Courgetten 2 geschälte, in Würfel geschnittene Tomaten beifügen.

Kartoffel - Omelett mit Wurst (Andros)

KÄSE-OMELETT
(Omeletta me tiri)

⅓ Pfund Feta-Käse oder «kasseri»
4 Suppenlöffel Butter
6 Eier, geschlagen
Pfeffer

Den Käse in dicke Scheiben schneiden und diese in heisser Butter braten, bis sie auf beiden Seiten goldgelb sind. Die Eier dazu giessen und auf schwachem Feuer kochen, bis die Eier gestockt sind. Mit Pfeffer würzen. Proportionen für 4 Personen.

KARTOFFEL-OMELETT MIT WURST (Andros)
(Froutalia)

1 Pfund Kartoffeln
½ Pfund Wurst
¼ Pfund Speckscheiben (Bacon)
2 Suppenlöffel Butter
6 Eier, geschlagen
Pfefferminz gehackt
Pfeffer

Die Kartoffeln waschen, schälen und in Scheiben schneiden. Die Wurst in kleine Stücke schneiden und in eine grosse Bratpfanne zusammen mit den Speckscheiben und der Butter geben. Einige Minuten kochen lassen und auf einen Teller legen. In der gleichen Bratpfanne die Kartoffeln zugedeckt, unter häufigem Umrühren weich kochen. Die gebratene Wurst und den Speck dazu mischen und die Eier, 1 Suppenlöffel gehackten Pfefferminz und Pfeffer beifügen. Einige Minuten braten lassen, bis die untere Seite goldgelb ist. Auf einen Teller gleiten lassen und umgekehrt wieder in die Bratpfanne geben, um die andere Seite goldgelb zu braten. Genügt für 4 Personen.
Notiz: Auf der griechischen Insel Andros wird für die Herstellung der «froutalia» Wurst aus geräuchertem Schweinefleisch, (hausgemacht), und geräuchertes Rückenstück des Schweines mit Schweineschmalz verwendet, und in grossen, irdenen Krügen konserviert.

FRÜHLINGS-OMELETT
(Omeletta anixiatiki)

1½ Tassen Zwiebeln, zerkleinert
4 Suppenlöffel Butter
Dill, gehackt
Salz, Pfeffer
6 Eier, geschlagen
Petersilie, gehackt

Die Zwiebeln in der Butter anbraten, bis sie weich und goldgelb sind. Dill, Salz, Pfeffer und die Eier beigeben. Bei schwachem Feuer kochen unter Emporheben des Omelettes und Schräghalten der Bratpfanne, damit der ungekochte Teil nach unten rinnt. Sobald die untere Seite goldgelb ist, sowie die Mischung eingedickt, zusammenfalten oder auf einen Teller gleiten lassen, um die andere Seite goldgelb zu braten. Mit Petersilie bestreuen und sofort servieren.
Proportionen für 4 Personen.

MAKARONI-GRATIN
(Makaronia sto Fourno)

1 Pfund Makaroni
Salz
½ Tasse Butter
6 Suppenlöffel Mehl
3½ Tassen Milch
¼ Teelöffel süssen Pfeffer
1½ Tassen geriebenen Käse (kefalotiri oder Greyerzer)

Die Makaroni in 4 Liter Salzwasser kochen, abtropfen und in die Pfanne zurückgeben. ¼ Tasse Butter beifügen und gut vermengen. Den Rest der Butter in einer Pfanne erwärmen. Das Mehl und sodann die Milch unter ständigem Rühren beigeben, sowie das Salz und den Pfeffer. Auf schwachem Feuer 5 Minuten kochen.

Die Makaroni schichtenweise mit dem geriebenen Käse in einer bebutterten Gratin-Form (youvetsi) anrichten. Die Sauce darüber giessen und mit dem zu diesem Zweck zurückbehaltenen Käse bestreuen. 30 Minuten in heissem Ofen backen. Proportionen für 5-6 Personen.

MAKARONI-GRATIN MIT HACKFLEISCH
(Pastizio makaronia)

Für die Füllung:
1 gehäuften Suppenlöffel Butter
2 Pfund Hackfleisch
1 kleine Zwiebel, gehackt
1 Knoblauch-Zehe
2 Teelöffel Salz
½ Teelöffel Pfeffer
Petersilie gehackt
½ Tasse Weisswein

Für die Sauce:
½ Tasse Butter
¾ Tasse Mehl
4 Tassen kochende Milch
Salz, Pfeffer
Muskatnuss (wahlweise)
1 Tasse geriebenen Käse
2 Eier und 2 Eigelb

* * *

2-3 mittelgrosse Tomaten geschält und geschnitten oder
1 Büchse geschälte Tomaten
2 Eiweiss
1 Pfund Makaroni
1 gehäuften Suppenlöffel Salz
2 gehäufte Suppenlöffel Butter
1 Tasse geriebenen Käse

Füllmasse: In einer grossen Bratpfanne die Butter schmelzen und darin das Hackfleisch mit den Zwiebeln goldgelb anbraten. Die übrigen Zutaten, ausser dem Eiweiss, dazu geben, zudecken und bei mittlerer Hitze kochen. Abkühlen und das Eiweiss unter die Masse mischen.

Sauce: Die Butter in einer Pfanne schmelzen und mit dem Mehl unter ständigem Rühren 1 Minute kochen. Die Milch dazu giessen und rühren, bis die Sauce glatt ist. Salzen, den Pfeffer und die gemahlene Muskatnuss beifügen. Vom Feuer nehmen und unter fortwährendem Rühren den Käse, die Eier und das Eigelb dazu geben.

Die Makaroni in Salzwasser garkochen, jedoch so, daß diese noch fest sind. Abtropfen und in die Pfanne zurückgeben. Die Butter beifügen. Eine Gratinplatte von 25×35×5 cm Grösse mit Butter bestreichen und die Hälfte der Makaroni darin anrichten. Mit Käse bestreuen und die Füllmasse darauf verteilen; den Rest der Makaroni beifügen und mit der Sauce bedecken. Mit dem Rest des Käses bestreuen und bei mittlerer Hitze im Ofen 45 Minuten, oder bis der Gratin goldgelb ist, backen. 20 Minuten ruhen lassen und in Vierecke schneiden. Proportionen für 8 Personen.

MAKARONI- ODER SPAGHETTI-GRATIN MIT FLEISCH
(Youvetsi)

2 Pfund Lamm-oder Kalbfleisch
½ Tasse Butter
1 mittelgrosse Zwiebel, gehackt
1 Knoblauch-Zehe, zerdrückt
2 Tassen Tomatensaft
1 Suppenlöffel konzentriertes Tomatenmark
Salz, Pfeffer
1 Pfund Makaroni oder Spaghetti
Käse, gerieben (kefalotiri oder Parmesan)

Das Fleisch in 5 Stücke schneiden. Die Butter in einer Pfanne erwärmen und darin das Fleisch anbraten, bis es Farbe angenommen hat. Die Zwiebel und den Knoblauch beifügen und braten, bis sie weich sind. Den Tomatensaft, das Tomatenmark, Salz und Pfeffer dazu geben und so viel Wasser zugiessen, bis das Fleisch bedeckt ist. Zudecken und auf schwachem Feuer leicht kochen, bis das Fleisch gar, und die Sauce eingedickt ist.
Die Makaroni oder Spaghetti in kochendem Wasser weich kochen. Abtropfen lassen. Die Hälfte der Teigwaren in einer mit Butter bestrichenen Gratinform (youvetsi) anrichten, das Fleisch darauf legen und darüber den Rest der Teigwaren. Mit der Tomatensauce bedecken und mit geriebenem Käse bestreuen. Im Ofen bei mittlerer Hitze etwa 15 Minuten backen. Proportionen für 5 Personen.

N.B. In Griechenland werden alle Teigwaren mit dem Namen Makaroni bezeichnet, ausgenommen die Spaghetti.

SPAGHETTI MIT TOMATEN-SAUCE
(Spaghetto me saltsa tomata)

2½ Pfund Tomaten, geschält und geschnitten
⅓ Tasse Olivenöl
2 Knoblauch-Zehen, geschnitten
1½ Teelöffel Salz
¼ Teelöffel Pfeffer
1 Suppenlöffel Zucker
Petersilie, gehackt
1 Pfund Spaghetti. Salz
½ Tasse Butter
Käse, gerieben

In eine Pfanne die Tomaten, den Knoblauch, 1½ Teelöffel Salz, den Pfeffer und den Zucker geben und auf schwachem Feuer 1 Stunde kochen, dann die Petersilie beifügen.
Die Spaghetti in 4 Liter Salzwasser kochen, abtropfen und auf der zum Servieren bestimmten Platte anrichten, mit geriebenem Käse bestreuen. In einer kleinen Bratpfanne die Butter erwärmen, jedoch ohne braun werden zu lassen, und diese heiss über die Spaghetti giessen. Mit der Sauce bedecken oder die Sauce separat servieren. Proportionen für 4 Personen.

TEIGWAREN -QUADRATE
(Chilopittes)

½ Pfund feinen Grics oder Weizen -Crème
1½ Tassen Milch
3 Pfund Mehl
9 Eier, geschlagen
4 Suppenlöffel Salz

Den Gries in eine grosse Teigschüssel geben, die Milch beimischen und 1 Stunde ruhen lassen. Alle anderen Zutaten beifügen und den Teig verarbeiten, bis er glatt und elastisch ist, was etwa 10 Minuten benötigt. Mit einem Tuch bedeckt, 1 Stunde ruhen lassen.
Den Teig in kleine Stücke schneiden und diese so fein wie möglich auswallen, sodass lange, dünne Teig-Blätter entstehen. Diese Blätter während einigen Minuten auf ein Tuch legen, bis sie leicht trocken sind. Ein erstes Teig-Blatt um die Holzrolle rollen und der Länge nach schneiden. Von der Rolle nehmen und quer in etwa 6 mm breite Blättchen schneiden. Davon kleine Quadrate herstellen. Dieses Vorgehen wiederholen, bis der Teig aufgebraucht ist. Die Quadrate ausgebreitet während 5-6 Tagen trocknen lassen. In hermetisch geschlossenen Büchsen oder in Plastik-Säcken aufbewahren. Sie werden wie Teigwaren gekocht und mit Fleisch oder Sauce serviert.

TEIGWAREN - QUADRATE MIT HACKFLEISCH

(Chilopittes me kima)

½ Tasse Butter oder Olivenöl
1 Zwiebel, geschnitten
1 Sellerie-Stange, geschnitten
1 kleine gelbe Rübe (wie Julienne zerschnitten)
1 Pfund Hack-Fleisch
1 Büchse Tomatensaft
½ Tasse Rotwein (wahlweise)
1½ Teelöffel Salz
¼ Teelöffel Pfeffer
1 Pfund Teigwaren-Quadrate gekocht und abgetropft
Käse, gerieben

Die Zwiebel, den Sellerie und die Rübe in Butter anbraten, das Hackfleisch beigeben und 15 Minuten, unter öfterem Umrühren kochen. Den Tomatensaft, den Wein, Salz und Pfeffer beimischen und auf schwachem Feuer zugedeckt 1 Stunde kochen lassen. Würzen. Diese Sauce auf die heissen, mit geriebenem Käse bestreuten Teigwaren giessen. Proportionen für 5 Personen. Es kann dazu auch jede andere Sorte Teigwaren verwendet werden.

PILAF-REIS NATURE I

(Pilafi I)

2 Tassen Reis
½ Tasse Butter
4 Tassen Fleisch-Bouillon oder Hühner-Bouillon oder Wasser (warm)
2½ Teelöffel Salz

Den Reis mit der Butter goldgelb anbraten. Unter Umrühren die Bouillon oder das Wasser, Salz und Pfeffer beifügen. Zudekken und 18 Minuten, oder bis die Flüssigkeit verdampft ist, leicht kochen lassen. 10 Minuten ruhen lassen — Als Zugabe zu Fleisch, Geflügel oder in einer Sauce, servieren. Proportionen für 4 Personen.

PILAF-REIS NATURE II
(Pilafi II)

2 Tassen Reis
4 Tassen Bouillon oder warmes Wasser
½ Tasse Butter
2 Teelöffel Salz
Weissen Pfeffer
¼ Tasse Butter, geschmolzen

Den Reis waschen und abtropfen lassen. Das Wasser oder die Bouillon zum Kochen bringen und den Reis, die Butter, Salz und Pfeffer dazu geben. Zugedeckt 15 Minuten, oder bis die Flüssigkeit verdampft ist, auf schwachem Feuer kochen. Die geschmolzene Butter darüber giessen und den Reis mit einer Gabel auflockern. Als Zugabe zu Fleisch, Geflügel, mit Joghurt oder in einer Sauce servieren. Proportionen für 4 Personen.

REIS MIT MUSCHELN (Moules)
(Pilafi me midia)

½ Tasse Olivenöl
1 mittelgrosse Zwiebel, fein gehackt
1½ Tassen Reis
1 grosse Büchse Muscheln
1½ Tassen Tomatensaft
Salz, Pfeffer
Petersilie, gehackt

In einer Pfanne das Oel erhitzen und darin die Zwiebel anbraten, bis sie weich ist. Den Reis beifügen und 5 Minuten rühren. Die Muscheln in ein Gefäss abtropfen lassen und die erhaltene Flüssigkeit abmessen. Dazu den Tomatensaft und so viel Wasser beimischen, um 3½ Tassen Flüssigkeit zu erhalten. Zum Kochen bringen und über den Reis giessen. Zugedeckt, auf sehr schwachem Feuer 18 Minuten, oder bis der Reis weich ist und alle Flüssigkeit aufgesogen hat, kochen. Die Muscheln und die Petersilie beifügen und gut vermengen. Mit einer Serviette und einem Deckel zudecken und 10 Minuten warm stellen.
Proportionen für 4 Personen.

REIS MIT TOMATEN I
(Bourani)

- 1½ Tassen Reis
- 2 Pfund Tomaten
- 2-3 Knoblauch-Zehen, zerkleinert
- 1 Suppenlöffel Salz
- 2 Suppenlöffel Zucker
- ¾ Tasse Olivenöl
- Petersilie, gehackt
- 2 Tassen Wasser

Den Reis waschen und abtropfen lassen. Die Tomaten schälen, entkernen und in Scheiben schneiden und in eine Pfanne mit dem Knoblauch, dem Salz und dem Zucker geben. Das Oel und die Petersilie beifügen und 10 Minuten kochen. Den Reis dazu mischen und einmal umrühren. Zugedeckt bei mittlerer Hitze kochen, bis der Reis alle Flüssigkeit aufgesogen hat, was etwa 15 Minuten benötigt. Kalt servieren. Proportionen für 4 Personen.

REIS MIT TOMATEN II
(Risi me tomates)

- ½ Tasse Butter
- 1 mittelgrosse Zwiebel, zerkleinert
- 1 Pfund Tomaten, geschält und geschnitten
- 3 Tassen Wasser oder Fleisch- oder Hühner-Bouillon
- 2 Teelöffel Salz
- ¼ Teelöffel Pfeffer
- 2 Tassen Reis

Die Zwiebel in heisser Butter golgelb anbraten. Die Tomaten beifügen und zugedeckt 10 Minuten leicht kochen lassen.
Das Wasser oder die Bouillon dazu giessen, Salz und Pfeffer beigeben und zum Kochen bringen.
Den Reis waschen, gut abtropfen und in die kochende Flüssigkeit geben, einmal umrühren und zudecken. Auf schwachem Feuer kochen, bis der Reis alle Flüssigkeit aufgesogen hat.

ERBSEN - SUPPE
(Revithia soupa)

1 Pfund Erbsen
2 Teelöffel Doppelkohlensaures Natron
3-4 kleine Zwiebeln
¾ Tasse Olivenöl
Salz, 1 Zitrone

Die Erbsen mit warmem Wasser zudecken und darin eine Nacht einweichen. Am nächsten Tag abtropfen lassen und das Doppelkohlensaure Natron beifügen. Nach einer Stunde die Erbsen von Hand abreiben, um die Haut zu entfernen und gut abspülen. In eine Pfanne geben, mit kaltem Wasser bedecken, zum Kochen bringen und abschäumen. Die Zwiebeln beifügen, zudecken und etwa 2 Stunden, oder bis die Erbsen weich sind, kochen, indem, sollte dies notwendig sein, Wasser zugegossen wird. Das Oel dazu geben, salzen und einige Minuten leicht kochen lassen. Mit Zitronensaft servieren. Proportionen für 4-5 Personen.

SUPPE MIT HÜHNER-ODER POULET-BOUILLON
(Kotosoupa avgholemono)

1 Huhn oder Poulet von etwa 4 Pfund
8 Tassen kochendes Wasser
1 gelbe Rübe, 1 Zwiebel
1 Sellerie-Stange
einige Pfeffer-Körner
1 Suppenlöffel Salz
6 Suppenlöffel Reis
Eier-und Zitronen-Sauce I (siehe Rezept)

Das Geflügel waschen und in eine grosse Pfanne legen. Das kochende Wasser, die Rübe, die Zwiebel, den Sellerie und die Pfefferkörner beifügen. Zudecken und bei schwachem Feuer 2 Stunden, oder bis das Geflügel weich ist, kochen. Während der letzten Koch-Stunde salzen. Das Geflügel aus der Bouillon nehmen.

Die Bouillon sieben und zum Kochen bringen und darin, zugedeckt, den Reis 20 Minuten kochen. Vom Feuer nehmen. Die Eier-und Zitronensauce I zubereiten. Die Suppe langsam unter fortwährendem Rühren unter diese Sauce mischen. Proportionen für 6 Personen.

N.B. Nach Belieben kann das Geflügel vor dem Kochen im Ofen goldgelb angebraten werden.

OSTER - SUPPE
(Mayiritsa)

Die Leber, die Lungen, das Herz und die Eingeweide eines Lammes
Salz, Zitronensaft
4-5 Frühjahrs-Zwiebeln, fein gehackt
½ Tasse Butter
½ Büschel Dill, gehackt
6 Suppenlöffel Reis
Salz, Pfeffer
Eier-und Zitronen-Sauce I (siehe unter Saucen)

Die Leber, die Lungen, das Herz und die Eingeweide, die mit einem Bleistift umgestülpt wurden, waschen. Mit Salz und Zitronensaft einreiben und sorgfältig abspülen.
7 Tassen Wasser zum Kochen bringen und die Leber, die Lungen, das Herz und die Eingeweide hineinlegen. Nach dem Aufkochen abschäumen und mit dem Salz etwa 30 Minuten leicht kochen lassen. Abtropfen und das Fleisch in kleine Stücke schneiden. In einer Pfanne die Zwiebeln mit der Butter anbraten, bis sie weich sind. Das geschnittene Fleisch, den Dill und Pfeffer beifügen und unter Umrühren einige Minuten kochen. Die Bouillon dazu giessen und 25 Minuten leicht kochen. 20 Minuten vor dem Servieren den Reis beigeben. Vom Feuer nehmen. Eine «Avgholemono» - Sauce zubereiten, diese über die Suppe giessen und gut vermischen.Sehr heiss servieren. Proportionen für 6 Personen.

FISCH - SUPPE
(Psarosoupa)

2½ - 3 Pfund Fisch
8 Tassen Wasser
2 grosse Zwiebeln, zerkleinert
2 gelbe Rüben, in Würfel geschnitten
2 Sellerie-Stangen, geschnitten
Petersilie, gehackt
Salz, Pfeffer
½ Tasse Olivenöl
4 mittelgrosse Kartoffeln in Würfel geschnitten

Den Fisch zurichten, waschen und in dicke Scheiben schneiden. Das Wasser in einer Pfanne zum Kochen bringen und das Gemüse, ausser den Kartoffeln, beifügen und Salz, Pfeffer und das Olivenöl dazu geben. 45 Minuten kochen, die Temperatur herabsetzen und sodann den Fisch und die Kartoffeln beifügen.
Noch etwa 15 Minuten leicht kochen lassen.
Proportionen für 5-6 Personen.

FISCH - SUPPE MIT EIER-UND ZITRONEN-SAUCE
(Psarosoupa me avgholemono)

3 Pfund weissen Fisch
1 Suppenlöffel Salz
Saft einer Zitrone
8 Tassen Wasser
1 mittelgrosse Zwiebel, zerkleinert
1 gelbe Rübe, in Scheiben
1 Sellerie-Stange mit den Blättern
2-3 Tomaten (wahlweise)
½ Tasse Olivenöl
1 Lorbeerblatt (wahlweise)
4-5 Pfeffer - Körner
Eier- und Zitronen-Sauce I
(Siehe unterSaucen)
Petersilie
Ladolemono (Sauce aus Oel und Zitrone)
oder Mayonnaise

Den Fisch zurichten, waschen und in grosse Stücke schneiden, oder ganz lassen. Mit 1 Teelöffel Salz und dem Zitronensaft einreiben.

Das Wasser mit dem Gemüse, dem Rest des Salzes, dem Oel, Lorbeerblatt und Pfeffer-Körner in eine grosse Pfanne geben. Bei mittlerer Hitze 35 Minuten kochen, dann die Temperatur herabsetzen, sodann den Fisch beifügen und 16-18 Minuten leicht kochen lassen.

Den Fisch heraus nehmen und warm stellen. Die Bouillon mit dem Gemüse durch ein Sieb streichen, wieder in die Pfanne geben und mit dem Reis 18 Minuten kochen.

Die Eier-und Zitronensauce I langsam in die Suppe rühren und erwärmen, jedoch ohne zu kochen.

Diese Suppe in Suppentellern anrichten und mit Petersilie bestreut servieren. Den Fisch separat servieren mit «ladolemono» (Sauce aus Olivenöl und Zitrone) oder bedeckt mit Mayonnaise.

GRIECHISCHE BOUILLABAISSE
(Kakavia)

3-4 Pfund verschiedene Fische
10 Tassen Wasser
1 Pfund Zwiebeln, zerkleinert
1 Pfund Tomaten, geschält und in Scheiben geschnitten
Petersilie, gehackt
½ Tasse Olivenöl
1 Suppenlöffel Salz
½ Teelöffel Pfeffer

Die Fische zurichten und waschen. Die anderen Zutaten in einer grossen Pfanne etwa 1 Stunde kochen. Den Fisch beigeben und etwa 15 Minuten leicht kochen lassen.

Proportionen für 6-8 Personen.

N.B. Vorerst die kleinen Fische mit dem Wasser und den Zutaten kochen, durch ein Sieb in eine Pfanne streichen und in diese dicke Bouillon die grösseren, in dicke Scheiben geschnittenen Fische geben. Kleine Langusten und geschälte Krabben (Crevetten) beifügen. Leicht kochen lassen, bis der Fisch gar ist, was etwa 15-20 Minuten benötigt.

FASTEN-SUPPE MIT TACHINI
(Tachinosoupa)

3 Liter Wasser
2 Teelöffel Salz
½ Tasse kleine Teigwaren
½ Tasse Tachini oder Erdnuss-Butter
½ Zitrone, Pfeffer

Das Wasser zum Kochen bringen, salzen und darin die Teigwaren 10 Minuten leicht kochen. Vom Feuer nehmen.
Das tachini oder die Erdnuss-Butter mit ½ Tasse Wasser schlagen und unter fortwährendem, starkem Rühren in die Suppe giessen. Den Zitronensaft und den Pfeffer beifügen.
Das tachini, aus Sesam-Kernen hergestellt, gleicht sehr der Erdnuss-Butter.

LINSEN - SUPPE
(Fakes soupa)

½ Pfund Linsen
1 mittelgrosse Zwiebel, zerkleinert
2 Knoblauch-Zehen
½ Tasse Olivenöl
2 Teelöffel Salz
1 Lorbeerblatt
3 Suppenlöffel Essig oder Weisswein

Die Linsen verlesen und in warmem Wasser 2 Stunden einweichen. Abtropfen lassen. 6 Tassen Wasser, den Knoblauch und die Zwiebel beigeben, zum Sieden bringen und zugedeckt 1 Stunde leicht kochen. Das Olivenöl, Salz, das Lorbeerblatt und den Essig beifügen und nochmals 10 Minuten leicht kochen, oder bis die Linsen weich sind. Proportionen für 4 Personen.

N.B. Nach Belieben konzentriertes Tomatenmark beifügen.

REIS- ODER «AVGHOLEMONO» - SUPPE
(Soupa risi avgholemono)

6 Tassen Rind - oder Hühner - Bouillon
6 Suppenlöffel Reis, roh
2 Eier, Salz
Saft einer Zitrone

Die Rind-oder Hühner-Bouillon zum Sieden bringen und darin den Reis garkochen. Wenn notwendig, salzen.
In einem Gefäss die Eier zusammen mit dem Zitronensaft schlagen. Nach und nach, löffelweise, etwa $\frac{1}{2}$ Tasse der Bouillon dazu geben, unter ständigem Schlagen. Diese Ei-Zitronen-Mischung in den Rest, der sich in der Pfanne befindenden Bouillon giessen. Bei sehr schwachem Feuer, unter Umrühren,die Suppe aufwärmen, jedoch unbedingt, ohne diese aufzukochen. Sofort servieren. Proportionen für 4 Personen.

SUPPE MIT TEIGWAREN UND TOMATEN
(Tomatosoupa me pasta)

1 Pfund sehr reife Tomaten, in Scheiben geschnitten
1 gelbe Rübe in Scheiben
1 Sellerie-Stange
$1\frac{1}{2}$ Liter Wasser oder Bouillon
$\frac{1}{3}$ Tasse Olivenöl oder Butter
Salz, Pfeffer
1 Tasse kleine Suppen-Teigwaren, Fideli, Sternchen oder andere
Petersilie gehackt

Ausser den Teigwaren, alle Zutaten in einer Pfanne 30 Minuten kochen. Durch ein Sieb streichen und zum Sieden bringen. Die Teigwaren beifügen und etwa 10 Minuten kochen lassen. Mit Petersilie bestreuen. Proportionen für 6 Personen.

TRACHANA FÜR SUPPEN
(Trachanas)

Die «trachana» ist eine Sorte Teigwaren, die für die Suppen verwendet wird, zubereitet aus Milch, geronnener Milch oder Joghurt mit Mehl, Gries oder Weizen-Grütze. Es handelt sich um eine Bauern-Suppe, und jede griechische Insel besitzt ihr eigenes Rezept.

Die «trachana» ist sowohl eine gut schmeckende, wie sehr nahrhafte Suppe. Alle Arbeiter, Bauern und Fischer essen davon jeden Morgen, bevor sie sich zur Arbeit begeben, eine grosse Tasse.

Rezept des Teiges :

In ein grosses Gefäss 2-2½ Liter Milch, geronnene Milch oder Joghurt mit 1 Suppenlöffel Salz geben. Soviel Mehl, Gries oder eine andere Getreideart dazu mischen, bis der Teig fest ist. Den Teig in eiergrosse Stücke teilen, auswallen und auf einem Tuch ausbreiten. Nach einigen Stunden die Teigstücke umkehren, damit sie leicht antrocknen. Sodann in sehr kleine Stücke schneiden. Wenn diese genügend trocken sind, um zerkrümelt zu werden, die Teigstücke mit den Händen über einem grosslöchrigen Sieb zerreiben. Die «trachana» ist nun zubereitet und wird ausgebreitet, 4-5 Tage an einem kühlen und luftigen Ort aufbewahrt, damit sie gut trocknet. Sie kann während Monaten konserviert werden, in Plastik-Säcken oder hermetisch geschlossenen Büchsen und vor Feuchtigkeit geschützt. Die «trachana» wird an Stelle von Reis oder Teigwaren als Beigabe in den Suppen verwendet.

Rezept für die Suppe:

8 Tassen Wasser oder Bouillon in einer Pfanne zum Sieden bringen und 1 Tasse «trachana», Salz und Pfeffer beifügen. Bei schwachem Feuer etwa 30 Minuten kochen. 2 Suppenlöffel Butter dazu geben und mit Petersilie oder geriebenem Käse bestreuen.

Es können auch nur 6 Tassen Wasser oder Bouillon verwendet werden, mit Zugabe von 2 Tassen Tomatensaft.

SUPPE MIT WEISSEN BOHNEN
(Fasolia soupa)

1 Pfund weisse Bohnen
1 Tasse Tomaten, frisch oder Büchse
2 Zwiebeln, fein gehackt
½ Tasse Sellerie-Blätter gehackt
2 Büschel Petersilie, gehackt
3 kleine gelbe Rüben in Würfel geschnitten
½ Tasse Olivenöl
1½ Teelöffel Salz
1 Messerspitze Pfeffer

Die Bohnen waschen, mit kaltem Wasser bedecken und darin eine Nacht einweichen. Am nächsten Tag abtropfen lassen und in eine Pfanne mit 8 Tassen kaltem Wasser geben. Zum Sieden bringen, dann die Temperatur herabsetzen und bei schwachem Feuer 1 Stunde kochen. Die übrigen Zutaten beifügen und bei schwachem Feuer noch 1 Stunde, oder bis die Bohnen weich sind, kochen lassen. Proportionen für 4-5 Personen.

PURÉE AUS GELBEN GEBROCHENEN ERBSEN
(Fava)

1 Pfund gelbe gebrochene Erbsen
2 Zwiebeln, Salz
½ Tasse Olivenöl
1 Zitrone

Die Erbsen waschen, mit kaltem Wasser bedecken und zum Sieden bringen. Eine in vier Teile geschnittene Zwiebel beigeben und 1 Stunde, oder bis die Erbsen weich sind, bei schwachem Feuer kochen. Durch ein Sieb streichen, salzen und mit 4 Suppenlöffeln Olivenöl, unter ständigem Rühren, noch 5 Minuten kochen lassen. In Suppentellern servieren, bestreut mit fein gehackten Zwiebeln und mit Zitronensaft und dem Rest des Oeles begossen. Proportionen für 4 Personen.

Diese Speise kann heiss oder kalt serviert werden.

8 FISCHE, SCHALENTIERE UND MOLLUSKEN (WEICHTIERE)

IM OFEN GEBACKENER FISCH I
(Psari sto fourno)

2 grosse Zwiebeln. gehackt
1 Tasse Olivenöl
4 mittelgrosse Tomaten, geschnitten
Petersilie, gehackt
Salz, Pfeffer
3 Pfund weissen Fisch in Scheiben oder ganze Fische (z.B. Rötling)
$\frac{1}{2}$ Tasse Weisswein

Die Zwiebeln mit $\frac{1}{2}$ Tasse Olivenöl und 4 Suppenlöffeln Wasser weich kochen. Die Tomaten, 2-3 Suppenlöffel Petersilie, Salz und Pfeffer beifügen und 30 Minuten leicht kochen lassen.
Die Sauce in einer Gratinplatte ausbreiten und darauf die Fisch-Scheiben oder die ganzen Fische anrichten. Mit dem Wein und dem Rest des Olivenöles übergiessen. Salz und Pfeffer darüber streuen und bei schwacher Hitze im Ofen 35-40 Minuten braten.
Proportionen für 6 Personen.
Nach Belieben können 5 Minuten vor Ende der Backzeit, grüne oder schwarze Oliven, die vorher entsalzt und abgetropft wurden, auf die Platte gegeben werden.

IM OFEN GEBACKENER FISCH II
(Psari Plaki)

2½ Pfund Fische in Scheiben
1 Zitrone
2 Teelöffel Salz
¼ Teelöffel Pfeffer
½ Pfund Zwiebeln, gehackt
1 Tasse Olivenöl
2 grosse Knoblauch-Zehen, zerdrückt
4 Tomaten, geschält und geschnitten
½ Tasse Weisswein
2 Tomaten in Scheiben geschnitten
3 Suppenlöffel Petersilie, gehackt

Den Fisch in einer Gratinplatte anrichten, mit dem Zitronensaft übergiessen, salzen und den Pfeffer beifügen. Die Zwiebeln mit ½ Tasse Oel weich kochen. Den Knoblauch, die zerschnittenen Tomaten und den Wein beigeben und 45 Minuten kochen lassen. Den Fisch mit dieser Mischung Zwiebeln-Tomaten bedecken. Die Tomaten-Scheiben darüber legen, mit der Petersilie überstreuen und den Rest des Oeles beigiessen. Unzugedeckt, bei schwachem Feuer im Ofen etwa 45 Minutem backen. Proportionen für 4-5 Personen.

FISCH «A LA SPETSAE» (griechische Insel)
(Psari a la spetsiota)

3 Pfund Fisch in Scheiben von etwa 2 cm Dicke geschnitten
Salz, Pfeffer
Zitronensaft
2 Tassen frische Tomaten, oder aus der Büchse
½ Tasse Weisswein
1 Tasse Olivenöl
2 Knoblauch-Zehen, gehackt
2 Suppenlöffel Petersilie, gehackt
Paniermehl

Den Fisch waschen, Salz und Pfeffer beigeben, mit Zitronensaft begiessen und in einer Gratinplatte anrichten. Separat die übrigen Zutaten, ausser dem Paniermehl, vermengen und 20 Minuten kochen. Diese Mischung über den Fisch giessen und mit dem Paniermehl bestreuen. Unzugedeckt, im heissen Ofen 45 Minuten, oder bis die obere Schicht goldgelb ist, backen. Proportionen für 5-6 Personen.

IM OFEN GEBACKENE FRISCHE SARDINEN
(Sardeles ladorighani)

3 Pfund frische Sardinen
1 Tasse Olivenöl
2 Zitronen
2 mittelgrosse Tomaten in Scheiben geschnitten
Petersilie, gehackt, Salz, Pfeffer, Mayoran

Die Köpfe der Sardinen entfernen, die Fische zurichten und waschen. Abtropfen lassen und in einer grossen Gratinplatte anrichten. 1 Zitrone in Scheiben schneiden und diese, sowie die Tomaten-Scheiben zwischen die Fische legen. Mit dem Saft der zweiten Zitrone und dem Olivenöl übergiessen. Die Petersilie, Salz, Pfeffer und Mayoran darüber streuen. In heissem Ofen 30 Minuten backen. Proportionen für 5-6 Personen.

GEBRATENER FISCH IN PIKANTER SAUCE
(Psari marinato)

1½ Pfund Fisch, Rötling, Seebarbe, Seezunge (Soles) oder Makrelen
Saft einer Zitrone
gewürztes Mehl
1 Tasse Olivenöl
3 Suppenlöffel Mehl
4-6 Suppenlöffel Essig
½ Tasse Weisswein
1½ Tassen Tomatensaft
1 kleine Garnitur aus:
2 Büschel Petersilie, 1 Lorbeerblatt, 1 Büschel Rosmarin.
2 Knoblauch-Zehen
Salz, Pfeffer
1 Messerspitze Zucker

Den Fisch zurichten, waschen, mit dem Zitronensaft übergiessen und im gewürzten Mehl wenden.

In einer grossen Bratpfanne das Oel erhitzen und darin die Fische goldgelb braten. In einer tiefen Platte anrichten und warm stellen. Das Oel aus der Bratpfanne in ein Gefäss abgiessen und die Pfanne reinigen. Das Oel filtrieren und in die Bratpfanne zurück geben und auf schwachem Feuer erwärmen. Das Mehl beifügen und unter Umrühren braun rösten. Die übrigen Zutaten beimischen und rühren, bis die Sauce eingedickt ist, etwa 8-10 Minuten. Die Bratengarnitur und den Knoblauch herausnehmen und die Sauce über die Fische giessen. Heiss oder kalt servieren. Proportionen für 6 Personen.
Auf gleiche Weise zubereitet, können auch grosse, in Scheiben geschnittene Fische verwendet werden.
Mit dieser pikanten Sauce bedeckt, können gebratene Fische an einem kühlen Ort 3-4 Tage aufbewahrt werden.

GEGRILLTER FISCH
(Psari skaras)

2 Pfund kleine, ganze Fische
½ Tasse Olivenöl
1 - 2 Zitronen
Salz
Petersilie, gehackt

Die Schuppen der Fische entfernen, die Fische zurichten, waschen, salzen und mit Oel bestrichen auf einen sehr heissen Grill legen. Sobald die Fische goldgelb werden, diese mit Oel und Zitronensaft begiessen und die Fische wenden, um sie auf der anderen Seite goldgelb zu braten. Dieses Vorgehen wiederholen, bis die Fische gargekocht sind. Auf einer heissen Platte anrichten.
Das Oel, Zitronensaft, 1 Suppenlöffel Wasser, das Salz und die Petersilie zusammen schlagen und diese Mischung über die Fische giessen. Proportionen für 4 Personen.

Notiz: In Griechenland werden die Fische auf einem Grill mit

Holzkohle gebraten. Frisch gefangen, sind sie ausgezeichnet. Manchmal werden die Fische mit Mayoran bestreut, bevor sie auf den Grill gelegt werden.

GEKOCHTER FISCH (Korfu)
(Bourdeto)

3½ Pfund verschiedene Sorten Fische, zum Kochen geeignet
½ Tasse Olivenöl
Salz, schwarzer Pfeffer
1 Teelöffel oder mehr Paprika
1 Messerspitze Cayenne-Pfeffer

Die Fische zurichten, waschen und in grosse Stücke schneiden. In eine Pfanne 1 Tasse Wasser, das Oel, das Salz, den Pfeffer, Paprika und den Cayenne-Pfeffer geben und zum Sieden bringen. Die Fische beifügen und auf sehr schwachem Feuer etwa 18 Minuten leicht kochen lassen.

Bourtheto mit Zwiebeln: ½ Pfund zerkleinerte Zwiebeln mit 1½ Tassen Wasser, Olivenöl und den Gewürzen weichkochen. Den Fisch beifügen und 18 Minuten leicht kochen.

GEBACKENER KABELJAU MIT KNOBLAUCH-SAUCE
(Bakaliaros tighanitos me scordalia)

1 Pfund getrockneten Kabeljau
1 Tasse leichten Teig zum Backen
Olivenöl

Den Fisch in 8-10 cm grosse Stücke schneiden und während einer Nacht in kaltem Wasser einweichen. Sodann den Kabeljau in eine Pfanne geben, mit kaltem Wasser bedecken und zum Sieden bringen. Abkühlen lassen und die Haut und die Gräte entfernen.

Mit Mehl, Wasser und etwas Salz einen leichten Teig zubereiten. In einer Bratpfanne das Oel bis zu genügender Temperatur er-

hitzen, sodass darin ein Würfel Brot von 2 cm Dicke in 1 Minute goldgelb gebacken werden kann. Den Kabeljau in den Teig tauchen und sehr rasch in der Friture backen, bis die Stücke auf allen Seiten goldgelb sind, etwa 3-4 Minuten. Nur 3 oder 4 Stücke gleichzeitig backen. Sehr heiss mit «scordalia» (Knoblauchsauce) servieren.
Proportionen für 4 Personen.

TINTENFISCHE (Sepia) MIT TOMATEN-SAUCE
(Soupies me saltsa)

3 Pfund Tintenfische
1 Tasse Olivenöl
2 grosse Zwiebeln, fein gehackt
1 Knoblauch-Zehe
1 Tasse Weisswein
1 Büchse (1 Pfund) Tomaten
Salz, Pfeffer, Petersilie, gehackt

Die Tintenfische ausnehmen, den Beutel mit der Tinte entfernen und die Fische mit viel Wasser waschen. In kleine Stücke schneiden. In einer Bratpfanne das Oel erhitzen und darin die Zwiebeln und den Knoblauch weichbraten. Die Tintenfische, den Wein, die Tomaten, Salz und Pfeffer beifügen. Zudecken und bei sehr schwachem Feuer 1½ Stunden, oder bis die Fische gar sind und die Sauce eingedickt ist, kochen. Mit Petersilie bestreuen. Allein, oder zu Reis nature servieren. Proportionen für 6 Personen.

Notiz: Nach Belieben kann die Tinte dem Wein beigemischt, und es können folgende Varianten zubereitet werden:
Mit Oliven: ½ Stunde vor Ende der Kochzeit, dem Tintenfisch 1 Tasse grüne Oliven beifügen, die einige Minuten in Wasser gekocht und abgetropft wurden.
Mit Zwiebeln: (Stifado) Nach dem obenbeschriebenen Grund-Rezept vorgehen, jedoch nur unter Verwendung einer kleinen, gehackten Zwiebel. Sodann mit 2 Pfund kleinen, ganzen Zwie-

beln, 3 Suppenlöffeln Essig, 1 Lorbeer-Blatt und 2 ganzen Nelken kochen.

Mit kleinen Erbsen: 10 Minuten vor Ende der Kochzeit dem Tintenfisch 2 Pfund kleine, frische, gekochte Erbsen (oder 1 Büchse) beigeben.

Mit Reis (Pilafi): 16 Minuten vor Ende der Kochzeit 1½ Tassen Reis und 3 Tassen warmes Wasser beifügen und zu Ende kochen lassen.

Mit Spinat: 10 Minuten vor Ende der Kochzeit 3 Pfund gedämpften und gehackten Spinat beigeben. Den Wein weglassen.

OKTAPUS (Art Tintenfisch) IN SAUCE
(Oktapodi me saltsa)

1 Oktapus von etwa 3½ Pfund
1 Tasse Olivenöl
2 Knoblauch-Zehen
1 Pfund Zwiebeln, gehackt
½ Tasse Rotwein
1½ Pfund Tomaten, geschält und zerschnitten
Pfeffer (kein Salz)

Den Oktapus reinigen, waschen und in eine Pfanne ohne Beigabe von Wasser geben. Zugedeckt, 10 Minuten leicht kochen lassen und abtropfen. In kleine Stücke schneiden, in die Pfanne zurücklegen und das Oel, den Knoblauch und die Zwiebeln beifügen. Bei grosser Hitze einige Minuten kochen und mit dem Wein begiessen. Wenn der Wein fast verdampft ist, die Tomaten und den Pfeffer beigeben. Zudecken und bei sehr schwachem Feuer etwa 2 Stunden kochen, oder solange, bis der Oktapus gar, und die Sauce eingedickt ist. Mit Reis, Teigwaren oder Pommes-Frites servieren. Proportionen für 5-6 Personen.

Oktapus (Art Tintenfisch) in Sauce

OKTAPUS (Art Tintenfisch) MIT REIS
(Oktapodi me risi)

1 grossen Oktapus oder 2 kleine
1 Zwiebel, fein gehackt
2 Knoblauch-Zehen (wahlweise)
1½ Tassen Reis, roh
1 Pfund Tomaten, geschält und zerschnitten
Petersilie, gehackt
½ Teelöffel Pfeffer
(kein Salz)

Den Oktapus reinigen, waschen und in eine Pfanne ohne Wasser geben. Zugedeckt, 15 Minuten leicht kochen lassen und abtropfen. In kleine Stücke schneiden und in die Pfanne zurücklegen. Die anderen Zutaten, ausser dem Reis, beifügen, zudecken und auf sehr schwachem Feuer kochen, bis der Oktapus weich, und die Sauce eingedickt ist, etwa 2 Stunden.

Ein grösseres Quantum Wasser zum Sieden bringen, den Reis darin 14 Minuten kochen lassen und abtropfen. In einer Gratinplatte (yiouvetsi) anrichten. Den Oktapus und die Sauce darauf geben und zugedeckt noch etwa 10 Minuten, bei mittlerer Hitze im Ofen backen. Proportionen für 4-5 Personen.

HUMMER MIT MAYONNAISE
(Astakos mayonnesa)

1 Hummer
Salz
Mayonnaise
Petersilie

Den lebenden Hummer, mit dem Kopf voran, in eine mit Salzwasser gefüllte Pfanne tauchen. Zudecken und 20-25 Minuten kochen, oder bis der Hummer rot ist. Abtropfen, mit kaltem Wasser bedecken und vollständig abkühlen lassen.
Den Hummer auf den Rücken legen und die Schale vom Kopf bis zum Schwanz aufschneiden, den Beutel, der sich beim Kopf befindet, entfernen, sowie die schwarze Vene dem Rücken entlang. Die crèmeartigen Teile, sowie die Koralle, sofern eine solche besteht, zurückbehalten und der Mayonnaise beimischen. Das Fleisch aus der Schale lösen, in dicke Scheiben schneiden und mit Mayonnaise bedecken.
Hummer mit Olivenöl und Zitronen (Astakos vrastos ladolemono): Auf das Hummer-Fleisch die Olivenöl-und Zitronen - Sauce (siehe unter Saucen) giessen und mit gehackter Petersilie und etwas Senfpulver bestreuen.

MUSCHELN-GRATIN MIT FETA
(Gharides me feta)

2 Zwiebeln, fein gehackt
½ Tasse Olivenöl
2 Pfund Tomaten, geschält und in grosse Stücke geschnitten
Petersilie gehackt
2 Teelöffel Salz
Petersilie
2 Knoblauch-Zehen
2 Pfund grosse Muscheln (Crevetten) roh, geschält
½ Pfund Feta-Käse
¼ Teelöffel frisch gemahlenen, schwarzen Pfeffer

In einer Bratpfanne die Zwiebeln mit dem Olivenöl braten, bis sie gekocht sind. Die Tomaten, die gehackte Petersilie, den Knoblauch, das Salz und den Pfeffer beifügen und zugedeckt 1 Stunde kochen. Von Zeit zu Zeit umrühren. Die Muscheln in 6 kleinen Gratinplättchen anrichten und mit der Sauce bedekken. Den Feta-Käse darüber zerbröckeln und unzugedeckt in sehr heissem Ofen 10-15 Minuten, oder bis die Muscheln gargekocht, und der Käse geschmolzen ist, backen. Mit Petersilie garnieren.

MUSCHELN MIT REIS
(Gharides me risi)

⅔ Tasse Olivenöl oder Butter
1 grosse Zwiebel, zerschnitten
1 Knoblauch-Zehe, gehackt
Salz, Pfeffer
2½ Tassen Tomaten, gekocht oder aus der Büchse
2 Pfund rohe Muscheln
4 Tassen Reis, gekocht und warm

Die Butter in einer Pfanne schmelzen und darin die Zwiebeln 10 Minuten, oder bis sie weich sind, kochen. Das Salz, den Pfeffer und die Tomaten beifügen. Zum Sieden bringen, die Temperatur herabsetzen und leicht 20 Minuten kochen lassen. Die Muscheln schälen und diese in der Sauce 5 Minuten leicht kochen. Auf trockenem Reis angerichtet, sehr heiss servieren. Proportionen für 4 Personen.

KALMAR (Art Tintenfisch) MIT WEIN
(Kalamarakia Krasata)

2½ Pfund Kalmar
2 Suppenlöffel Salz
¾ Tasse Olivenöl
½ Tasse Weisswein
4 mittelgrosse Tomaten, geschält und zerschnitten
Petersilie, gehackt, Pfeffer
1 Zitrone

Die Kalmare reinigen und den Beutel mit Sand und Tinte entfernen. Gut mit Salz einreiben, abspülen und abtropfen. In einer grossen Pfanne das Oel erhitzen und darin die Kalmare anbraten. Den Wein, die Tomaten, die Petersilie und den Pfeffer beifügen und kochen lassen, bis die Kalmare weich sind und die Sauce eingedickt ist. Nach Belieben würzen. Kalt, mit Zitronen-Vierteln servieren.

Proportionen für 5 Personen.

GEFÜLLTE KALMAR ODER SEPIA (Art Tintenfisch) (Kalamarakia yemista)

- 2½ Pfund mittelgrosse Tintenfische
- 1 grosse Zwiebel, fein gehackt
- ¾ Tasse Olivenöl
- ½ Tasse Reis, roh
- 4 Suppenlöffel Pinien-Kerne
- 4 Suppenlöffel Rosinen (Korinthen)
- 1½ Teelöffel Salz. Pfeffer
- ½ Tasse Weisswein
- 1½ Tassen Tomatensaft
- Petersilie, gehackt

Die Tintenfische reinigen, den Kopf und den Beutel mit Sand und Tinte entfernen, sowie die schwarzen Stellen. Die Kalotten und die Fangarme mit Salz einreiben. In mehreren Wassern waschen. Die Zwiebeln mit der Hälfte des Olivenöles weich kochen und den Reis. die Pinien-Kerne, die Rosinen, die Petersilie, die Hälfte des Salzes und den Pfeffer beifügen. Mit dieser Mischung die Tintenfische füllen, jedoch nicht vollständig, damit der Reis aufquillen kann. Die Oeffnungen zunähen. In einer grossen Bratpfanne den Rest des Oeles erhitzen und darin die gefüllten Tintenfische bei starkem Feuer anbraten. In eine Pfanne legen, mit dem Wein und dem warmen Tomatensaft übergiessen und salzen (mit dem Rest des Salzes). Zudecken und bei sehr schwachem Feuer etwa 1½ Stunden kochen, oder bis die Fische gar sind und die Sauce eingedickt ist. Heiss oder kalt servieren. Proportionen für 4-5 Personen.

FISCHEIER - PASTETCHEN (Pelion)
(Righanokeftedes pelioritiki)

2 Pfund Kartoffeln
170 Gramm Fischeier (von Seebarbe oder Kabeljau)
1 mittelgrosse Zwiebel, fein gehackt
2 Eier, geschlagen
½ Tasse Paniermehl
1 Suppenlöffel Mayoran
Pfeffer. Mehl
Olivenöl oder Maisöl zum Backen

Die Kartoffeln mit der Schale weichkochen, abtropfen und schälen. Trocknen lassen, indem sie in einer Pfanne über schwachem Feuer 1 oder 2 Minuten geschüttelt werden. Gut zerstossen oder in den Mixer geben, bis die Masse ganz glatt ist. Die übrigen Zutaten, ausser dem Mehl und dem Oel, beigeben und gut vermischen, im Mixer oder mit einem Löffel. 2 Stunden im Kühlschrank ruhen lassen. Vor dem Backen, von diesem Teig kleine Küchlein formen, diese in Mehl wenden und in viel, sehr heissem Oel backen, bis sie aussen knusprig, innen aber noch weich sind.

LAMM-KOTELETTS MIT TOMATEN
(Arni a la chasapa)

2 Pfund Lamm-Koteletts
Salz, Pfeffer frisch gemahlen
¾ Tasse Olivenöl
2½ Tassen Tomaten aus der Büchse
Saft einer halben Zitrone

Die Koteletts in eine Gratinplatte legen. Die Tomaten, das Olivenoel, den Zitronensaft, Salz und Pfeffer beifügen. Unzugedeckt, im Ofen bei mittlerer Hitze etwa 1½ Stunden backen. Mit Pommes-Frites servieren. Proportionen für 4 Personen.

LAMM-KOTELETTS AUF DEM GARTENGRILL (Barbecue)
(Kotoletes arniou skaras)

⅓ Tasse Olivenöl
Saft von 1 Zitrone
1 Teelöffel Mayoran
2 Pfund Lamm-Koteletts
Salz, Pfeffer
2 Zitronen, in 4 Teile geschnitten
Petersilie

Den Zitronensaft, das Oel und den Mayoran mischen und auf die, in einer niederen Bratpfanne angerichteten Koteletts, giessen. 2-3 Stunden marinieren, von Zeit zu Zeit wenden. Die Koteletts auf Holzkohle grillen, indem sie mit dem Rest des Oeles und Zitronensaft übergrossen und mit dem Mayoran bestreut werden. Salzen und Pfeffer beifügen. Die Koteletts mit Zitronen und Petersilie garnieren. Zu Pommes-Frites servieren. Proportionen für 4 Personen.

LAMM-RAGOUT MIT TEIGWAREN
(Arni youvetsi me manestra)

- 2 1/4 Pfund Lammschulter
- 1/2 Tasse Butter oder Olivenöl
- 1 kleine Zwiebel, fein gehackt
- 4 mittelgrosse Tomaten, sehr reif
- 1 Pfund Manestra (Kleine Teigwaren, reiskörnergross)
- Salz, Pfeffer
- 1 Tasse Käse, gerieben (kefalotiri oder mizithra, trocken)

Das Fleisch in 5 oder 6 Stücke schneiden, ein Stück pro Person, und in eine Kasserolle (youvetsi) legen. Die Butter, die Zwiebeln, die geschälten und zerschnittenen Tomaten, Salz und Pfeffer beifügen. Gut vermischen und in heissem Ofen etwa 1 Stunde, oder bis das Fleisch gar ist, kochen. 6 Tassen kochendes Wasser und die Manestra beigeben und gut rühren. Zudecken und noch 30 Minuten kochen lassen. Von Zeit zu Zeit umrühren. Sofort mit Käse servieren. Proportionen für 5-6 Personen.

Lamm - Fleisch auf Bauernart

LAMM-FLEISCH AUF BAUERNART
(Arni exochiko)

6 Stück Lamm-Fleisch oder
3½ Pfund Lamm-Keule in 6 Stükke geschnitten
1 Tasse Butter
1 Büchse (1 Pfund) feine Ersbsen
12 Kartoffeln, sehr kleine oder nussgross geschnitten
6 kleine Tomaten, geschält
⅓ Pfund «kasseri» oder Greyerzer-Käse in 6 Quadrate geschnitten
6 Blätter Teig (Phyllo) oder geschwefeltes Papier
Petersilie, Oel

In einer Bratpfanne 2 Suppenlöffel Butter erhitzen und das Fleisch darin auf starkem Feuer braten, bis die Fleisch-Stücke halb gekocht sind.

Die Erbsen abtropfen lassen. Erst die Kartoffeln mit 2 Suppenlöffeln Butter braten und sodann die Tomaten.

Die Teig-Blätter oder das geschwefelte Papier mit Butter bestreichen. Einmal zusammen legen und nochmals mit Butter bepinseln. Auf jedes Blatt ein Fleisch-Stück und darauf 2 Suppenlöffel Erb-

sen, 2 Kartoffeln, 1 Tomate und 1 Käse-Quadrat legen. Salzen, mit Pfeffer und gehackter Petersilie bestreuen und das Blatt so falten, dass alles gut eingeschlossen ist. Auf ein gefettetes Backblech legen, mit Oel bestreichen und mit einem geschwefelten Papier bedecken. Fetten und im Ofen bei mittlerer Hitze etwa eine Stunde backen. Proportionen für 6 Personen.
Es können auch einige kleine Zwiebeln beigefügt werden, die einen Moment in Wasser gekocht wurden, oder 3-4 Frühjahrs-Zwiebeln, zerschnitten und in Butter gebraten.

LAMM-FRIKASSEE MIT LATTICH
(Arni fricasse me maroulia)

- 2½ Pfund Lamm-Fleisch, von der Schulter oder der Brust in Stücke geschnitten
- 2 mittelgrosse Zwiebeln, zerkleinert
- 5 Frühjahrs-Zwiebeln mit ihren Stielen, zerkleinert
- ½ Tasse Butter
- 2 Suppenlöffel Mehl
- 2 kleine Lattiche, geschnitten wie für Salat
- 4 Tassen warmes Wasser
- 2 Suppenlöffel Salz
- ½ Teelöffel Pfeffer
- ½ Tasse Petersilie oder Dill, gehackt
- 3 Eigelb
- Saft einer Zitrone

Das Fleisch und die Zwiebeln in der Butter anbraten, mit Mehl bestäuben und gut vermischen. Den Lattich, die 4 Tassen warmes Wasser, Salz, Pfeffer und die Petersilie oder den Dill beifügen. Unzugedeckt, leicht kochen lassen, bis das Fleisch weich ist (etwa 1 Stunde). Vom Feuer nehmen. Um die Sauce aus Eiern und Zitrone zuzubereiten: die Eigelb mit 2 Suppenlöffeln Wasser schlagen, den Zitronensaft beimischen und sodann löffelweise etwa ½ Tasse Fleischbrühe beigeben. Diese Sauce langsam über das Fleisch giessen und unter ständigem Rühren gut mit der Brühe vermengen. Heiss servieren. Proportionen für 4 Personen.
Lamm-Frikassee mit Artischocken (Arni fricasse me aginares):

Nach dem obenerwähnten Rezept vorgehen, jedoch den Lattich durch 6 entzweigeschnittene und gekochte Artischocken ersetzen, oder durch 2 Büchsen, jede von ½ Pfund, Artischocken-Boden. Dem gekochten Fleisch beigeben und auf sehr schwachem Feuer noch 10 Minuten kochen. Vom Feuer nehmen und die Sauce aus Eiern und Zitrone darunter mischen.

Lamm-Frikassee mit Endivien (Arni fricasse me antidia): Nach dem obenerwähnten Grund-Rezept vorgehen, jedoch den Lattich durch 2½ Pfund gekochte und abgetropfte Endivien ersetzen.

LAMM - SPIESSCHEN
(Arni souvlakia)

1 Lamm-Keule ohne Knochen
½ Tasse Olivenöl
Zitronensaft
1 Teelöffel Salz. Pfeffer

Die Lamm-Keule in 2,5 cm grosse Stücke schneiden und die Stücke auf Metall-Spiesse stecken. Das Oel mit 4 Suppenlöffeln Zitronensaft, dem Salz und dem Pfeffer mischen und die Spiesse 1 Stunde darin ruhen lassen. Auf Holzkohle unter Umdrehen grillen. Das Fleisch von den Spiessen nehmen und mit Pilafi oder Pommes-Frites, sowie mit Tomaten-Salat, servieren.

LAMM - ODER KALBSRAGOUT
(Arni Kapama)

2½ Pfund Lamm-Keule oder Lamm-Fleisch von der Schulter oder Kalbfleisch von der Schulter
½ Tasse Butter, Olivenöl oder Margarine
Salz, Pfeffer
Petersilie, gehackt
1-2 kleine Zwiebeln, fein gehackt
1 Knoblauch-Zehe (wahlweise)
3 mittelgrosse Tomaten, geschält und zerschnitten oder 1 Büchse Tomaten (1 Pfund)
1-2 Teelöffel Zucker

Das Fleisch in Portionen-Stücke schneiden. In einer Pfanne die Butter erhitzen und darin das Fleisch braun rösten. Salzen und die Petersilie, die Zwiebeln und den Knoblauch beifügen. Einige Minuten kochen. Die Tomaten, den Zucker und $\frac{1}{2}$ Tasse warmes Wasser beigeben und zugedeckt auf schwachem Feuer leicht kochen lassen, bis das Fleisch weich, und die Sauce eingedickt ist. Mit Pommes-Frites, Teigwaren oder Reis servieren. Proportionen für 5 Personen.

Varianten:

Mit Auberginen: Die Auberginen in 2 cm grosse Würfel schneiden. Mit Salz bestreut, 1 Stunde ruhen lassen, sodann abspülen und abtropfen. Die Auberginen in eine grosse Friture aus sehr heissem Olivenöl tauchen. Dem Ragout beifügen, wenn das Fleisch gekocht ist, mit $\frac{1}{2}$ Tasse warmem Wasser. Zudecken und noch 20 Minuten auf schwachem Feuer leicht kochen.

Mit grünen Bohnen: 2 Pfund grüne Bohnen entfädeln und in 2 cm grosse, längliche Stücke schneiden. In 1 Tasse Salzwasser 10Minuten kochen und die Bohnen mit dem Wasser dem Fleisch beigeben. Zudecken und etwa 30 Minuten, oder bis zum Garkochen und Eindicken der Sauce, kochen.

Mit «Bamia»: Das Ragout zubereiten. $1\frac{1}{2}$ Pfund «bamia»-Kapseln mit 1 Suppenlöffel Salz und $\frac{1}{2}$ Tasse Essig mischen. 1 Stunde ruhen lassen. Waschen und gut abtropfen. In einer grossen Bratpfamme $\frac{1}{2}$ Tasse Olivenöl erhitzen und bei mittlerem Feuer die bamia etwa 10 Minuten braten. Die bamia um das Fleisch in der Pfanne anrichten und 1 Tasse kochendes Wasser beigeben. Nicht rühren, sondern die Pfanne leicht schütteln. etwa 30 Minuten leicht kochen lassen. Die bamia sehr sorgfältig behandeln, damit sie nicht brechen. Proportionen für 4-5 Personen.

Mit frischen, feinen Erbsen, oder Konserve: Nach dem Grund-Rezept vorgehen, und wenn das Fleisch gargekocht ist, $2\frac{1}{2}$ Pfund frische, gekochte Erbsen (oder 1 grosse Büchse Konserven), ohne Abtropfen, dazu geben. 20 Minuten, oder bis die Sauce eingedickt ist, kochen.

Mit Kartoffeln: Nach dem Grund-Rezept vorgehen. 2 Pfund sehr kleine Kartoffeln schälen und in Butter anbraten. Um das Fleisch in der Pfanne anrichten und 1 Tasse warmes Wasser dazu giessen. 10 Minuten, oder bis die Sauce eingedickt ist, kochen.

Mit Courgetten: Die Courgetten in kleine Stücke schneiden, oder wenn diese sehr klein sind, ganz lassen. In Butter goldgelb braten. In der Pfanne um das Fleisch legen, zudecken und bei schwachem Feuer etwa 30 Minuten, oder bis die Sauce eingedickt ist, kochen.

Mit weissen Bohnen: 1 Pfund weisse, getrocknete Bohnen waschen, mit Wasser bedecken und zum Sieden bringen. 2 Minuten kochen lassen, vom Feuer nehmen und 1 Stunde ruhen lassen. Abtropfen und in Wasser, zugedeckt, etwa 2 Stunden, oder bis sie weich sind, kochen. Mit 1 Tasse warmem Wasser dem Ragout beifügen. Zugedeckt, noch 10 Minuten kochen lassen.

GEDÄMPFTES LAMM-FLEISCH
(Arni Kapama)

- 2½ Pfund Lamm-Fleisch, in Portionen aufgeteilt
- 1½ Zitronen
- ½ Tasse Butter
- 2 Pfund Tomaten, geschält und zerschnitten
- 2 Teelöffel Salz
- ¼ Teelöffel Pfeffer
- 1 kleiner Zimt-Stengel (wahlweise)
- 1 Suppenlöffel Zucker (wahlweise)

Das Fleisch mit dem Zitronensaft übergiessen und 1 Stunde ruhen lassen. In einer Bratpfanne die Butter erhitzen und darin das

Fleisch anbraten, bis es goldgelb ist. Aus der Bratpfanne nehmen und in eine Kasserolle legen. Die Tomaten in die Bratpfanne geben, salzen und den Pfeffer, den Zimt und den Zucker beifügen und 5 Minuten braten. Ueber das Fleisch in der Pfanne giessen und zugedeckt, 2 Stunden kochen. Mit Pommes-Frites, Reis, Teigwaren oder Spaghetti servieren. Proportionen für 4-5 Personen.

LAMM-LEBER ODER KALBSLEBER MARINIERT
(Sikotakia marinata)

1½ Pfund Lamm-oder Kalbs-Leber
6 Suppenlöffel Mehl
Salz, Pfeffer
½ Tasse Olivenöl
2 Knoblauch-Zehen, zerdrückt
4 Suppenlöffel Essig
1 Büschel Rosmarin
1 Lorbeerblatt
1½ Tassen Tomatensaft
½ Tasse Wasser
1 Teelöffel Zucker
Petersilie, gehackt

Die Leber in 1 cm dicke Scheiben schneiden, diese im Mehl wenden und würzen. Im Oel auf beiden Seiten anbraten, bis sie Farbe angenommen haben, jedoch ohne die Stücke zu sehr zu kochen. Vom Feuer nehmen und auf einer Platte anrichten. Den Rest des Mehles in die Bratpfanne geben und unter Umrühren braun rösten. Sodann die anderen Zutaten, ausser der Petersilie, beifügen und fortwährend rühren. Nach Belieben würzen und die Sauce 5-6 Minuten, oder bis sie eingedickt ist, leicht kochen lassen.

Die Sauce über die Leberscheiben giessen, mit Petersilie bestreuen und heiss oder kalt servieren.
Diese Speise kann gut 2 oder 3 Tage aufbewahrt werden.

LAMM-FÜSSE MIT SAUCE AUS EIERN UND ZITRONE
(Podarakia arniou avgholemono)

4-5 Pfund Lamm-Füsse
1 Zwiebel, 1 gelbe Rübe
1 Sellerie-Stange
1 Suppenlöffel Salz
5-6 Pfeffer-Körner
1 Lorbeerblatt (wahlweise)
2 Suppenlöffel Maizena
3 Eigelb
Saft von 2 Zitronen
Petersilie gehackt

Die Lamm-Füsse reinigen und waschen. In eine Pfanne mit 6 Tassen kaltem Wasser geben und 1 Stunde leicht kochen. Die Zwiebel, die gelbe Rübe, den Sellerie, das Salz, die Pfeffer-Körner und das Lorbeerblatt beifügen. Zudecken und bei schwachem Feuer kochen lassen, bis die Füsse weich sind und sich das Fleisch leicht vom Knochen ablösen lässt.

Die Bouillon sieben und wieder in die Pfanne geben und das Fleisch, ohne Knochen, beifügen. Die Maizena in einigen Suppenlöffeln Wasser auflösen und mit der Brühe vermischen. Noch einige Minuten leicht kochen und dann vom Feuer nehmen.
Die Eigelb mit dem Zitronensaft schlagen, und nach und nach etwa ½ Tasse heisse Bouillon beigeben. Diese Mischung in die Brühe mit dem Fleisch giessen und unter ständigem Rühren auf schwachem Feuer erwärmen, bis zum Eindicken. Nicht zum Kochen kommen lassen, damit in der Sauce keine Klümpchen entstehen. Mit Petersilie bestreuen. Proportionen für 6 Personen.
Mit Kutteln: Die Lamm-Kutteln waschen und das Innere auskratzen, bis sie vollständig sauber sind. 5 Minuten blanchieren, abtropfen und mit den Lamm-Füssen kochen.

LAMM-FLEISCH GESCHMORT
(Arni psito ladorighani)

1 Lamm-Schulter oder Lamm-Keule von etwa 4 Pfund
½ Tasse Olivenöl
2-3 Knoblauch-Zehen, zerdrückt
Saft von 2 Zitronen
2 Suppenlöffel Mayoran-Pulver
Salz, Pfeffer

Das Fleisch mit einem nassen Tuch abreiben und in eine Kasserolle mit dickem Boden (Gusseisen) legen. Die anderen Zutaten beifügen, zudecken und etwa 1½ Stunden schmoren lassen, oder bis das Fleisch gekocht und weich ist. Mit Pommes-Frites servieren. Proportionen für 6 Personen.

GEBRATENE LAMM-KEULE MIT KARTOFFELN
(Arni psito me patates)

1 Lamme-Keule von 4 Pfund
3-4 Knoblauch-Zehen
Salz, Pfeffer
¾ Tasse Butter
Saft einer grossen Zitrone
1 Tasse warmes Wasser
2½ Pfund Kartoffeln von mittlerer Grösse

Das Fleisch waschen und auf eine Gratinplatte legen. Den Knoblauch in Stifte schneiden, mit Salz und Pfeffer überstreuen, Einschnitte in die Lamm-Keule machen und den Knoblauch hinein stossen. Die Kartoffeln schälen, in 4 Teile schneiden und diese um das Fleisch anrichten. Die Butter schmelzen und über das Ganze giessen. Mit Zitronensaft begiessen, sowie Salz und Pfeffer beigeben. Das warme Wasser beifügen. In mittelheissem Ofen 2 Stunden braten. Wenn die Lamm-Keule gargekocht ist, diese auf eine Platte legen. Sollten die Kartoffeln noch nicht genügend goldgelb sein, diese einen Moment unter den Grill geben. Die Kartoffeln um das Fleisch angerichtet, servieren. Proportionen für 5-6 Personen.

Variante: Der Knoblauch ist wahlweise. Kleine Kartoffeln mit der Schale 10 Minuten kochen und sie dem Fleisch, eine Stunde vor Ende der Kochzeit, beifügen.

LAMM-KEULE IN PAPIER GEBRATEN
(Arni psito sto charti)

1 Lamm-Keule von 4 Pfund
2-3 Knoblauch-Zehen
Salz, Pfeffer
1 Zitrone
2 Teelöffel Mayoran-Pulver

Das Fleisch mit einem nassen Tuch abreiben oder in kaltem Wasser waschen und abtropfen lassen. Kleine Einschnitte machen, um den Knoblauch hinein zu geben. Gut mit dem Salz, Pfeffer und Zitronensaft einreiben. Mit dem Mayoran bestreuen und in die Mitte eines grossen Blattes geschwefelten und gefetteten Papieres legen. Ein Paket formen und gut verschnüren. Auf einer Gratinplatte anrichten, die mit Oel ausgestrichen wurde. Das Papier mit Oel bestreichen und bei mittlerer Hitze im Ofen etwa 2½ Stunden backen.

GEFÜLLTE LAMM-SCHULTER
(Arni yemisto)

- ½ Tasse Butter
- 2-3 Frühjahrs-Zwiebeln, zerkleinert
- ½ Pfund Hack-Fleisch (Kalb oder Rind)
- Salz, Pfeffer
- ½ Tasse Reis, roh
- 1 Lamm-Schulter
- 1 Hand voll Petersilie und Dill, gehackt

Die Hälfte der Butter in einer Bratpfanne erhitzen und darin die Zwiebeln weichbraten. Das gehackte Fleisch, Salz und Pfeffer beifügen, umrühren und braun rösten. Den Reis, ½ Tasse warmes Wasser und Dill beigeben, mischen und zugedeckt, 10 Minuteu kochen. Abkühlen lassen.

Eine genügend grosse Oeffnung in das Fleisch schneiden, um die Füllmasse hineingeben zu können, salzen und Pfeffer beifügen, das Fleisch füllen und die Oeffnung zunähen. In eine grosse Kasserolle legen, schwach mit kochendem Wasser bedecken und 1½ Stunden, oder bis das Fleisch weich ist, kochen. Auf einer Platte anrichten.

Den Rest der Butter in einer Bratpfanne erhitzen und die gefüllte Schulter darin anbraten, oder diese mit der geschmolzenen Butter übergiessen. Im Ofen goldgelb braten. Heiss servieren. Proportionen für 6 Personen.

Notiz: mit Bouillon: Eine Suppe aus Eiern und Zitronen zubereiten (siehe unter Suppen)

Gefüllte Lamm-Schulter gebraten: Die Lamm-Schulter nach dem obenerwähnten Rezept füllen, auf eine Ofen-Platte legen, 1 Tasse kochendes Wasser beifügen und mit geschmolzener Butter begiessen. In mittelheissem Ofen 2 Stunden braten und jede halbe Stunde mit dem Bratensaft übergiessen.

KALBFLEISCH IN DER KASSEROLLE (Korfu)
(Sofrito)

2½ Pfund Kalbfleisch, von der Lende oder der Schulter, in 1 cm dicke Scheiben geschnitten
½ Tasse Olivenöl
Mehl, Gewürze
2-3 Knoblauch-Zehen, fein zerschnitten
¼ Tasse Essig
1½ Tassen warmes Wasser
Petersilie, gehackt

Das Fleisch in Mehl wenden und in einer Kasserolle mit dem erhitzten Oel auf beiden Seiten goldgelb anbraten. Den Knoblauch, das Wasser, den Essig und die Petersilie beifügen. Zudecken und bei schwachem Feuer 1 Stunde, oder bis das Fleisch weich, und die Sauce eingedickt ist, kochen. Mit Kartoffel - Püree servieren. Proportionen für 5 Personen

---

RAGOUT AUS KALB-ODER RINDFLEISCH MIT TEIGWAREN (Korfu)
(Pastitsada)

2 Pfund mageres Kalbfleisch
⅔ Tasse Olivenöl
1 Pfund Zwiebeln, fein gehackt
2-3 Knoblauch-Zehen
Salz, Pfeffer
2 ganze Nelken
2 Pfund sehr reife Tomaten, geschält und zerschnitten
½ Tasse Weisswein
1 Suppenlöffel Essig
1 Zimt-Stengel (wahlweise)
1 Lorbeerblatt (wahlweise)
1 Pfund Teigwaren
½ Tasse Butter
1 Tasse Käse gerieben (kefalotiri oder Parmesan)

Das Fleisch in 3 cm grosse Würfel schneiden und in Oel braun anbraten. Die Zwiebeln mit einigen Suppenlöffeln Wasser beigeben und sobald sie weichgekocht sind, die übrigen Zutaten, ausser den Teigwaren, der Butter und dem Käse. Zudecken und bei schwachem Feuer leicht kochen, bis das Fleisch weich, und die Sauce eingedickt ist.
Die Teigwaren in Salzwasser garkochen, abtropfen und in einer tiefen Pfanne anrichten. Mit einem nussgrossen Stück geschmolzener Butter übergiessen und mit dem geriebenen Käse bestreuen. Die Fleisch-Stücke darauf legen und mit der Sauce bedecken. Proportionen für 5 Personen.

RAGOUT AUS KALB-ODER RINDFLEISCH MIT KARTOFFELN

(Kreas me patates)

2 Pfund Ragout vom Kalb oder Rind
½ Tasse Butter
2 Zwiebeln, fein gehackt
1 Lorbeerblatt
1 Knoblauch-Zehe
1 Büchse Tomatensaft ¼ Liter)
Salz, Pfeffer
2 Pfund Kartoffeln, geschält und in vier Teile geschnitten

Die Butter in einer Kasserolle erhitzen und darin das Fleisch anbraten. Die Zwiebeln, das Lorbeerblatt und den Knoblauch beifügen und einige Minuten braten. Salz, Pfeffer, den Tomatensaft und genügend Wasser beigeben, um das Fleisch zu bedecken. Zudecken und leicht kochen lassen, bis das Fleisch weich ist, etwa 1½-2 Stunden. Die Kartoffeln beifügen und noch 20 Minuten, oder bis die Kartoffeln gar sind und die Sauce eingedickt ist, kochen. Wenn notwendig, bei Zugabe der Kartoffeln noch etwas Wasser dazu giessen.

KALBFLEISCH IN DER SCHMORPFANNE I
(Moskari psito Katsarolas I)

4 Pfund Kalbsbraten
½ Tasse Olivenöl, Kochbutter oder Margarine
1 grosse Zwiebel, gehackt
1 Knoblauch-Zehe
1 Büchse Tomaten (1 Pfund)
1 Lorbeerblatt
1 Suppenlöffel Zucker
Salz, Pfeffer

Das Fleisch mit dem Oel in einer Schmorpfanne mit dickem Boden anbraten. Salzen und Pfeffer, die Zwiebel und den Knoblauch beifügen und einige Minuten kochen. Die Tomaten, das Lorbeerblatt und den Zucker beigeben. Zudecken und 2 Stunden, oder bis das Fleisch weich ist, kochen, indem das Fleisch von Zeit zu Zeit gewendet wird. Auf einer Platte anrichten. Die Sauce, gesiebt oder nicht, 10 Minuten leicht kochen lassen. Das Fleisch in Scheiben schneiden und mit der Sauce bedecken. Mit Pommes-Frites oder Spaghetti servieren. Proportionen für 6-8 Personen.

Variante: Den Tomaten ½ Tasse Weisswein oder Rotwein beifügen. Knoblauch und Lorbeerblatt weglassen. Zu der Zwiebel 2 fein zerschnittene gelbe Rüben und 2 Sellerie-Stangen geben.

KALBFLEISCH IN DER SCHMORPFANNE II
(Moskari psito Katsarolas)

3 Pfund Kalbfleisch, ohne Knochen, gerollt
Salz, Pfeffer
½ Tasse Kochbutter oder Margarine

Die Butter in einer Schmorpfanne mit dickem Boden schmelzen und wenn sie heiss ist, darin das Fleisch auf beiden Seiten, unter öfterem Wenden, braun anbraten. Salzen, Pfeffer beifügen und mit ½ Tasse warmem Wasser übergiessen. Zudecken, und

2$\frac{1}{2}$-3 Stunden langsam kochen. Von Zeit zu Zeit wenden, unter Zugabe von einigen Suppenlöffeln Wasser, Weisswein oder Tomatensaft. Das Fleisch in Scheiben schneiden und mit der Sauce bedecken. Mit Pommes-Frites, in Butter gekochten gelben Rüben und feinen Erbsen servieren. Proportionen für 6-8 Personen.

KALBFLEISCH-RAGOUT MIT ZWIEBELN
(Stifado)

2 Pfund mageres Kalbleisch, in grosse Würfel geschnitten
$\frac{1}{2}$ Tasse Olivenöl
Salz Pfeffer
1 mittelgrosse Zwiebel, gehackt
2 Tassen frischen Tomatensaft
4 Suppenlöffel Essig von Rotwein
$\frac{1}{2}$ Tasse Rotwein
1 Lorbeerblatt
2 Pfund kleine Zwiebeln
2 Knoblauch-Zehen, zerschnitten
$\frac{1}{2}$ Tasse Butter
Petersilie, gehackt

Das Fleisch in einer schweren Schmorpfanne, bei mittlerer Hitze, anbraten. Die gehackte Zwiebel beifügen und wenn sie gekocht ist, den Tomatensaft, den Essig, den Wein und 2 Tassen heisses Wasser dazu giessen. Das Lorbeeerblatt beigeben und leicht kochen lassen, bis das Fleisch weich ist. Separat die kleinen Zwiebeln mit kochendem Wasser überbrühen, schälen und bei der Wurzel ein Kreuz einschneiden, damit sie nicht aufspringen. Durch das Abbrühen wird die Haut erweicht und sie werden dadurch weniger schädlich für die Augen. In einer Pfanne die Butter erhitzen und die kleinen Zwiebeln, den Knoblauch und 1 Tasse Wasser beifügen, salzen und zugedeckt kochen, bis sie halb gar sind. Diese Mischung, sowie die Petersilie, zum Fleisch geben und bei schwachem Feuer noch 20 Minuten oder bis alle Flüssigkeit aufgesogen ist, kochen. Proportionen für 5-6 Personen.

SCHWEINEFLEISCH IN GELEE (Zypern)
(Gelatine apo chirino)

3½ Pfund mageres Schweinefleisch
9 Tassen Wasser
4-6 Pfeffer-Körner
1½ Suppenlöffel Salz
2 Suppenlöffel Gelatine
2 Zitronen
5 Suppenlöffel Saft von bitteren Orangen
2 Suppenlöffel weissen Essig

Das gewaschene Fleisch in eine grosse Pfanne legen, das Wasser beigeben und bei schwachem Feuer 1 Stunde kochen. Die Pfeffer-Körner beifügen und salzen. Weiter kochen lassen, bis das Fleisch anfängt, sich von den Knochen zu lösen. Die Knochen entfernen und das Fleisch, in kleine Stücke geschnitten, in einer Form anrichten. Die Bouillon durch ein Sieb streichen und entfetten. Die Gelatine in 6 Suppenlöffeln kaltem Wasser aufweichen, zu der Bouillon geben und 1 Minute kochen. Den Zitronensaft, den Saft der bitteren Orangen und den Essig zur Bouillon giessen. Diese der Form beifügen, sodass das Fleisch damit bedeckt ist. 6 Stunden im Kühlschrank erstarren lassen. Zum Servieren die Form auf eine Platte stürzen und das Gelee mit Petersilie, Tomatenscheiben und schwarzen Oliven garnieren.

SCHWEINEFLEISCH MIT SELLERIE-KNOLLEN
(Chirino me selinorisa)

2½ Pfund Schweinefleisch, vom Schinken oder der Schulter
1 mittelgrosse Zwiebel, fein gehackt
2 kleine gelbe Rüben in runde Scheiben geschnitten
Salz, Pfeffer
¾ Tasse Butter
3 Pfund Knollen-Sellerie
2 Suppenlöffel Mehl
2 Eigelb
1-2 Zitronen
Petersilie, gehackt

Das Fleisch in 4-5 Portionen schneiden und diese in einer Pfanne mit $\frac{1}{2}$ Tasse Butter, der Zwiebel, den gelben Rüben, Salz und Pfeffer anbraten, 4 Tassen kochendes Wasser beigiessen und zugedeckt $1\frac{1}{2}$ Stunden kochen.

Die Sellerie-Knollen schälen und waschen, in 4 Teile und diese in dicke Scheiben schneiden. Die Herzblätter waschen und hakken. Das Ganze blanchieren und 5 Minuten ruhen lassen. Das Fleisch beigeben, zudecken und 30 Minuten kochen. Kurz vor dem Servieren eine «avgholemono» Sauce zubereiten:

In einer kleinen, schweren Pfanne den Rest der Butter, das Mehl und die Eigelb vermischen und schlagen, bis die Masse glatt ist. Sodann sehr langsam 1 Tasse Flüssigkeit, erhalten von den Sellerie-Knollen und dem Fleisch, beigeben. Auf sehr schwachem Feuer, unter ständigem Rühren, erwärmen und diese Sauce mit dem Zitronensaft unter das Fleisch und das Gemüse mischen, ohne mit dem Rühren aufzuhören. Mit Petersilie bestreut, heiss servieren. Proportionen für 5-6 Personen.

Schweinefleisch mit Sellerie-Stangen:

Nach dem obenerwähnten Rezept vorgehen, jedoch die Sellerie-Knollen durch Sellerie-Stangen ersetzen. Die Fäden der Sellerie gut entfernen, jede Stange der Länge nach teilen und in 2 cm grosse Stücke schneiden. 3 Minuten blanchieren, abtropfen und mit dem Fleisch kochen.

GEGRILLTE SCHWEINS-KOTELETTS
(Chirines brisoles skaras)

2 Knoblauch-Zehen, zerdrückt
4 Suppenlöffel Olivenöl
3-4 Salbei-Blätter
Saft von 1 Zitrone
4 Schweins-Koteletts
Salz, Pfeffer

Die Zutaten vermischen und auf die Koteletts verteilen. 1-2 Stunden ruhen lassen. Unter ein- bis zweimaligem Wenden die Koteletts schön goldgelb grillen. Salzen, und Pfeffer beifügen.

GEBRATENES SPANFERKEL
(Ghourounopoulo psito)

$\frac{1}{2}$ oder 1 Spanferkel	Olivenöl
Salz, Pfeffer	Zitronensaft

Das Spanferkel mit Salz, Pfeffer und Olivenöl einreiben und auf einen Grill, der über ein Auffang-Blech gelegt wurde, geben. In mittelheissem Ofen $2\frac{1}{2}$ bis $3\frac{1}{2}$ Stunden, oder bis das Fleisch goldgelb und weich ist, braten, dabei alle 20 Minuten mit dem Bratensaft oder ein wenig warmem Wasser begiessen. Während des Bratens zweimal wenden. Mit Pommes-Frites und garniert mit Zitronen-Vierteln und Petersilie, servieren.

Spanferkel mit Kartoffeln (Ghourounopoulo psito me patates): In eine Ofen-Bratplatte ein Viertel oder die Hälfte eines Spanferkels zusammen mit 2 Pfund kleinen ganzen Kartoffeln geben. Mit geschmolzener Butter und Zitronensaft übergiessen. Salzen und Pfeffer, 2 Knoblauch-Zehen und 1 Lorbeerblatt beifügen. Bei schwacher Hitze im Ofen etwa 2 Stunden braten, und dabei das Fleisch oft mit dem Bratensaft begiessen.

GEBRATENE LEBER
(Sikotakia tighanita)

$1\frac{1}{2}$ Pfund Leber, vom Kalb oder Lamm	Salz, Pfeffer
Mehl	2 Suppenlöffel Essig
Olivenöl zum Braten	1 Zitrone
	Petersilie

Die Leber in Scheiben von gut 1 cm Dicke schneiden. In Mehl wenden und in sehr heissem Olivenöl einige Minuten auf beiden Seiten goldgelb braten. Salzen, Pfeffer beifügen und mit dem Essig oder Zitronensaft begiessen. Heiss servieren, garniert mit Zitronen-Vierteln und Petersilie.

Gefüllter Kohl

10 SPEISEN MIT HACKFLEISCH

GEFÜLLTER KOHL
(Lachanodolmades)

1 grosser Kohl
1 Pfund Hackfleisch
½ Tasse Reis, roh
1 Zwiebel, gehackt
2 mittelgrosse Tomaten, geschält und zerschnitten
2 Teelöffel Salz
½ Teelöffel Pfeffer
½ Tasse Petersilie, gehackt
1 Tasse Butter
3 Tassen warmes Wasser oder Bouillon
1½ Suppenlöffel Mehl
2-3 Eier
Saft von 1 Zitrone

Den ganzen Kohl 8 Minuten in Salzwasser kochen und sodann jedes Blatt sorgfältig ablösen.
Das Fleisch, den Reis, die Zwiebel, die Tomaten, die Petersilie mit ½ Tasse Butter mischen, salzen und den Pfeffer beifügen.

Von dieser Füllung etwa 2 Suppenlöffel in die Mitte auf jedes Blatt legen, die Ränder umbiegen und Rollen formen.

Diese Kohl-Rollen eng aneinander in einer Gratin-Platte anrichten, mit dem Wasser oder der Bouillon begiessen und den Rest der Butter beifügen. Zudecken und im Ofen bei schwacher Temperatur etwa 1½ Stunden backen oder bei leichtem Feuer 1-1½ Stunden.

Den Kohl in einer Platte zum Servieren anrichten.

Eine «avgholemono» Sauce zubereiten: das Mehl in ¼ Tasse kaltem Wasser verrühren und das Kohl-Wasser unter Rühren beigeben. 5 Minuten leicht kochen lassen. Die Eier mit 2 Suppenlöffeln Wasser schlagen und langsam die heisse Sauce und den Zitronensaft darunter mischen. Im Wasserbad erwärmen, bis die Sauce leicht eingedickt ist, vom Feuer nehmen und sofort auf den gefüllten Kohl giessen. Heiss servieren. Proportionen für 5 Personen.

AUBERGINEN MOUSAKA
(Melitsanes mousaka)

2½ Pfund mittelgrosse Auberginen
1 mittelgrosse Zwiebel, gehackt
¼ Tasse Butter
1½ Pfund Hackfleisch
½ Tasse Weisswein
3 Tomaten, geschält und geschnitten oder 1 Büchse (1 Pfund)
3 Tassen Bechamel-Sauce
Petersilie, gehackt
Salz, Pfeffer
2 gehäufte Suppenlöffel Paniermehl
2 Eiweiss, leicht geschlagen
Olivenöl zum Braten
Brotkrumen
2 Eigelb
1 Tasse Käse, gerieben

Die Auberginen in feine Scheiben schneiden, mit Salz bestreuen und 1 Stunde ruhen lassen.

Die Zwiebel mit der Butter weichbraten, das Hackfleisch und 4 Suppenlöffel Wasser beifügen. Während dem Kochen das

Fleisch mit einer Gabel verteilen. Die Tomaten, die Petersilie, den Wein, Salz und Pfeffer beigeben. Zudecken und etwa 45 Minuten leicht kochen. Vom Feuer nehmen, das Paniermehl und die Eiweiss dazu mischen und gut vermengen.

Die Auberginen waschen und abtrocknen. In Olivenöl leicht anbraten, bis sie auf jeder Seite goldgelb sind.

Eine Gratinplatte von 22×32×5 cm Grösse fetten, mit Paniermehl bestreuen und den Boden mit der Hälfte der Auberginen belegen. Eine Schicht, d.h. die Mischung Fleisch-Tomaten, beifügen, und mit einer Schicht Auberginen beenden.

Die geschlagenen Eigelb unter die Bechamel-Sauce ziehen, sowie $\frac{2}{3}$ Tasse vom geriebenen Käse. In mittelheissem Ofen 45 Minuten, oder bis der Gratin goldgelb ist, backen, nachdem die Auberginen mit der Sauce bedeckt, und mit dem Rest Käse bestreut wurden. Proportionen für 6-8 Personen.

SUPPE MIT FLEISCH-KÜGELCHEN UND SAUCE AUS EIERN UND ZITRONE

(Youvarlakia soupa avgholemono)

1 Pfund Rindfleisch, fein gehackt
1 kleine Zwiebel, zerrieben
1 Teelöffel Salz
$\frac{1}{4}$ Teelöffel Pfeffer
2 Suppenlöffel Petersilie, gehackt
$\frac{1}{2}$ Tasse Reis, roh
1 Ei, leicht geschlagen
2 Suppenlöffel Mehl

4 Tassen Wasser oder Bouillon
1 Tasse Tomatensaft
$\frac{1}{4}$ Tasse Butter
1 Teelöffel Salz
Sauce aus Eiern und Zitronen:
2-3 Eier
Zitronensaft von 1 Zitrone

Das Fleisch, die Zwiebel, $\frac{1}{4}$ Tasse Reis, das Ei, die Petersilie, Salz und Pfeffer vermischen. Davon kleine Kugeln formen und diese im Mehl wenden.

Das Wasser oder die Bouillon zum Sieden bringen und darin den Tomatensaft mit der Butter und Salz kochen. Die Fleisch-

Kügelchen und den Rest Reis beigeben, zudecken und etwa 30 Minuten leicht kochen lassen. Vom Feuer nehmen.
Die Eier, unter Umrühren, mit 2 Suppenlöffeln Wasser vermischen und schlagen und ½ Tasse der Suppe, und sodann den Zitronensaft darunter mischen. Diese Sauce, unter ständigem Rühren, über die Kügelchen und in die Suppe giessen. Sofort servieren. Proportionen für 4-5 Personen.

FLEISCH-KUGELN MIT SAUCE AUS EIERN UND ZITRONE

(Youvarlakia me saltsa avgholemono)

1 Pfund Kalbfleisch, gehackt
½ Tasse Weisswein
½ Tasse Wasser. 1 Ei
1 Tasse Paniermehl
1 Teelöffel Salz, Pfeffer
3 Tassen Kalbs-Bouillon
Sauce aus Eiern und Zitrone
Petersilie, gehackt

Alle Zutaten, ausser der Kalbs-Bouillon, der Petersilie und der Eier-und Zitronen-Sauce, sehr gut vermischen. Die Bouillon zum Sieden bringen. Von der Mischung kleine Kugeln formen und diese in die Bouillon geben. 10 Minuten, oder bis sie gar sind, leicht kochen lassen. Auf einer Platte anrichten und warm halten. Die Bouillon sieben und für die Sauce zurückbehalten. Die Sauce über die Fleisch-Kugeln giessen und mit Petersilie garnieren. Proportionen für 5 Personen.
Sauce aus Eiern und Zitrone: 2 Suppenlöffel Mehl mit 2 Suppenlöffeln geschmolzener Butter vermischen. Die Bouillon beifügen und unter ständigem Rühren kochen, bis die Mischung eingedickt ist. 2 Eigelb mit 4 Suppenlöffeln Zitronensaft schlagen und dies, unter starkem Schlagen, der warmen Sauce beigeben. 2 Minuten auf sehr schwachem Feuer kochen, ohne mit dem Rühren aufzuhören.

HACKELEISCH-ROLLE
(Rolo apo kima)

- 1½ Pfund Hackfleisch, Kalb oder Rind
- 1½ Tassen Paniermehl
- ½ Tassen Rotwein
- ¼ Tasse Wasser
- 1 Zwiebel, mittelgross, fein gehackt
- 1 Ei, gut geschlagen
- Salz, Pfeffer
- Petersilie, gehackt
- ½ Tasse geschmolzene Butter
- 5 Eier, hart gekocht
- 1½ Tassen Tomatensaft
- 1 Knoblauch-Zehe
- 1 Teelöffel Zucker

Mit dem Fleisch, dem Paniermehl, dem Wein, der Zwiebel, dem Wasser, der gehackten Petersilie, 4 Suppenlöffel Butter, dem Salz und dem Pfeffer eine homogene Mischung erstellen. Diese auf ein gefettetes, geschwefeltes Papier geben und ziemlich dick auf der Mitte des Papiers, der Länge nach ausbreiten. Darauf die hartgekochten Eier legen und den Hackbraten darüber falten. Sodann eine Art Laib formen, diesen in eine gefettete Gratinplatte legen und den Rest der Butter beifügen. In sehr heissem Ofen goldgelb backen. Den Tomatensaft zusammen mit ½ Tasse Wasser, dem Knoblauch, 1 Löffel Zucker, Salz und Pfeffer 5 Minuten kochen. Dies auf die Fleisch-Rolle giessen und bei sehr schwachem Feuer noch 40 Minuten backen. In dicke Scheiben geschnitten, begleitet von Pommes-Frites oder Nudeln, servieren.

FLEISCH-KLÖSSCHEN (FRIKADELLEN) I
(Keftedes I)

- 1 Pfund Rind-oder Kalbfleisch, gehackt
- 1 Ei, leicht geschlagen
- ¼ Pfund Paniermehl
- ½ Tasse Wasser
- 2 mittelgrosse Zwiebeln, gehackt
- 2 Suppenlöffel Butter
- 2 Teelöffel Salz
- ½ Teelöffel Pfeffer
- 1 Suppenlöffel Essig
- 1 Teelöffel Mayoran, Petersilie oder Pfefferminz, gegehackt
- ½ Tasse Mehl
- ½ Tasse Olivenöl

Das Hackfleisch mit dem Ei, dem Paniermehl und dem Wasser vermischen. Die Zwiebeln in der Butter anbraten, bis sie glasig sind. Das Fleisch, das Salz, den Pfeffer, den Essig, Mayoran und die gehackte Petersilie oder Pfefferminz beifügen, vermengen und 1 Stunde, zugedeckt, im Kühlschrank aufbewahren. 18-20 Klösschen formen und in Mehl wenden. In sehr heissem Olivenöl goldgelb braten. Mit Pommes-Frites oder Kartoffel-Püree und Salat servieren. Proportionen für 4-5 Personen.

FLEISCH-KLÖSSCHEN (FRIKADELLEN) II
(Keftedes II)

- ½ Pfund altgebackenes Brot
- 1½ Tassen Wasser oder 1 Tasse Wasser und ½ Tasse Weisswein
- 2-3 mittelgrosse Zwiebeln, fein gehackt
- 2 Pfund Rind-oder Kalbfleisch, gehackt
- ½ Pfund Schweinefleisch, gehackt
- 1 Suppenlöffel Salz
- ½ Teelöffel Pfeffer
- 1 Teelöffel Mayoran-Pulver
- 2 Suppenlöffel frische Pfefferminz, gehackt
- Mehl, Olivenöl zum Braten

Das Brot im Wasser einweichen. Die Zwiebeln mit Wasser bedeckt 8 Minuten kochen und abtropfen lassen. Das Fleisch, das Brot und die Zwiebeln mit den anderen Zutaten, ausser dem Mehl und dem Oel, vermischen. Zudecken und 20 Minuten ruhen lassen.

38-40 Klösschen formen und diese leicht im Mehl wenden. Sodann goldgelb braten. Mit Salat oder in Tomaten-Sauce, begleitet von Pommes-Frites, servieren. Proportionen für 8 Personen.

Klösschen in Sauce: Die Klösschen nach Rezept I oder II zubereiten. Das Oel, in dem sie gebraten wurden, in eine Tasse sieben und die Bratpfanne reinigen. Das Oel in die Bratpfanne zurückgeben, erhitzen und darin 2 Suppenlöffel Mehl braun rösten. Sodann folgendes beifügen: 1 Tasse Wasser oder Bouillon, ½ Tasse Weisswein, 4-5 Suppenlöffel Essig, 1 gehäuften Suppenlöffel Tomaten-Püree, 2 zerdrückte Knoblauch-Zehen, 1 Lorbeerblatt, 1 sehr kleinen Rosmarin-Zweig, Salz und Pfeffer. Die Sauce unter häufigem Umrühren 10 Minuten leicht kochen und über die Klösschen giessen. Heiss oder kalt servieren.

NUDELN MIT GEHACKTEM RINDFLEISCH
(Chilopittes me Kima)

- ½ Tasse Butter
- 1 mittelgrosse Zwiebel, zerschnitten
- 1 Pfund Rindfleisch, gehackt
- 1 Tasse Tomaten-Sauce
- 1 Pfund Nudeln
- 1½ Tassen geriebenen Käse (kefalotiri oder Parmesan)

¼ Tasse Butter erhitzen und darin die Zwiebeln anbraten, ohne sie braun werden zu lassen. Das Fleisch beifügen und 5 Minuten braten. ½ Tasse Tomaten-Sauce und ½ Tasse Wasser dazu rühren und etwa ½ Stunde kochen lassen.

Die Nudeln in Salzwasser kochen und gut abtropfen. Die Hälfte davon in einer Gratinplatte anrichten und mit Käse bestreuen. Das Fleisch darüber ausbreiten und mit dem Rest der Nudeln bedecken. Mit Käse bestreuen, den Rest der Tomaten-Sauce darüber giessen und den Rest des Käses darüber geben. In mittelheissem Ofen 15 Minuten backen. Proportionen für 6 Personen.

OMELETT MIT HACKFLEISCH (Rhodos)
(Sfougato)

- ½ Tasse Butter
- 3 mittelgrosse Zwiebeln, zerschnitten
- 1 Pfund Hackfleisch, Kalb oder Rind
- 2 Pfund Courgetten, in Würfel geschnitten
- 2 Teelöffel Salz
- ½ Teelöffel Pfeffer
- Petersilie und Dill, gehackt
- 10 Eier
- Paniermehl

In einer tiefen Bratpfanne die Butter erhitzen und die Zwiebeln darin anbraten, bis sie weich, jedoch nicht braun sind. Mit einer Gabel das Fleisch dazu mischen. Die Courgetten, das Salz und den Dill beigeben und mit 1 Tasse Wasser begiessen. Zudecken und ½ Stunde, unter zeitweiligem Rühren, leicht kochen lassen. Abkühlen.

Die Eier leicht schlagen und dieser Mischung beifügen. Eine genügend grosse Gratinplatte fetten, mit Paniermehl bestreuen und die Mischung hineingeben. Im Ofen, bei schwacher Hitze, 25 Minuten, oder bis die Masse fest ist, backen.

Proportionen für 5 Personen.

GEFÜLLTE PEPERONI (Pfefferschoten)
(Piperies yemistes)

10-12 mittelgrosse, grüne Peperoni
2 Teelöffel Salz
½ Tasse Butter
1 Zwiebel, fein gehackt
1 Knoblauch-Zehe, zerdrückt
1½ Pfund Hackfleisch
½ Tasse Reis
Petersilie, gehackt
2 Tomaten, geschält und zerschnitten
Salz, Pfeffer
1 Tasse Paniermehl
Butter
1½ Tassen Tomatensaft

Die Peperoni beim Stiel durchschneiden und diese Teile als Deckel zurückbehalten. Entkernen, waschen, in kochendes Salzwasser legen und 5 Minuten kochen. Abtropfen.

In einer Bratpfanne die Butter erhitzen und darin die Zwiebeln weichbraten. Den Knoblauch und das Fleisch beifügen und mit einer Gabel vermischen. Den Reis, 2 oder 3 Suppenlöffel gehackte Petersilie, die Tomaten, Salz und Pfeffer dazu geben und 5 Minuten leicht kochen lassen. Die Peperoni mit dieser Masse füllen, mit ihren Deckeln verschliessen und in einer Gratinplatte anrichten. Die Butter mit dem Paniermehl vermengen und die

Peperoni damit bestreuen. Den Tomatensaft neben die Peperoni giessen. Im Ofen, bei schwacher Hitze, etwa 1 Stunde backen. Proportionen für 5-6 Personen.

GEFÜLLTE ARTISCHOCKEN
(Aginares yemistes)

8-10 grosse Artischocken
1 Zitrone, Salz
$\frac{1}{2}$ Tasse Butter
1 mittelgrosse Zwiebel, fein gehackt
1 Pfund Hackfleisch
Pfeffer
1 gehäuften Suppenlöffel Paniermehl
2 Eier
$1\frac{1}{2}$ Tassen Bechamel-Sauce (siehe unter Saucen)
2 gehäufte Suppenlöffel Käse gerieben
Petersilie, gehackt

Die Stiele der Artischocken abschneiden und die äusseren Blätter entfernen. Nur die zarten Blätter bestehen lassen. Den oberen Teil auf $2\frac{1}{2}$ cm zurückschneiden, den Flaum entfernen und die Aussenseite des Bodens schälen. Die Artischocken in eine Pfanne legen, mit Wasser und Zitronensaft bedecken und Salz beifügen. 20 Minuten, oder bis sie weich sind, kochen. Darauf achten, dass sie ganz bleiben, um gefüllt werden zu können. Abtropfen lassen. In einer Bratpfanne die Zwiebeln in der erhitzten Butter weichbraten und das Hackfleisch, 2 Suppenlöffel Salz, den Pfeffer und die Petersilie beigeben und leicht goldgelb braten. Vom Feuer nehmen und das Paniermehl und 1 geschlagenes Ei darunter mischen. Die Artischocken mit der Masse füllen.
Die Bechamel-Sauce mit 1 geschlagenen Ei und dem geriebenen Käse vermischen. Von dieser Sauce einen gehäuften Suppenlöffel auf jede Artischocke geben und im Ofen, bei schwachem Feuer, 40 Minuten, oder bis die Oberfläche gut gratiniert ist, backen. Proportionen für 4-5 Personen.

Hackfleisch - Würstchen aus Smyrna

HACKFLEISCH-WÜRSTCHEN AUS SMYPNA
(Soudzoukakia)

- $\frac{1}{2}$ Tasse Wasser
- 2 Brot-Scheiben
- 2 Knoblauch-Zehen oder
- $\frac{1}{2}$ Teelöffel Knoblauch-Pulver
- 2 Teelöffel Salz
- $\frac{1}{2}$ Teelöffel Pfeffer
- 1 Teelöffel Kümmel, gemahlen
- 1 Ei, leicht geschlagen
- 1 $\frac{1}{4}$ Pfund Rindfleisch, gehackt
- $\frac{1}{2}$ Tasse Olivenöl oder Butter zum Übergiessen
- 1 Büchse Tomaten (1 Pfund)
- $\frac{1}{4}$ Tasse Butter
- 1 Teelöffel Zucker

Die Brotscheiben mit Wasser benetzen und 10 Minuten eingeweicht lassen, sodann mit einer Gabel zerdrücken. Den Knoblauch sehr fein zerschneiden und dem Brot, mit 1 Teelöffel Salz, $\frac{1}{4}$ Teelöffel Pfeffer, dem Kümmel, dem Ei und dem Fleisch beigeben und gut vermengen. Aus dieser Masse 18-20 Würstchen formen. Diese in sehr heissem Olivenöl auf beiden Seiten goldgelb braten. Eine Tomaten-Sauce zubereiten: aus den Tomaten, Tasse Butter, dem Rest des Salzes und des Pfeffers, sowie dem Zucker. 25 Minuten leicht kochen lassen und die Würstchen dieser Sauce beifügen. Unzugedeckt noch 15 Minuten kochen. Heiss servieren, mit Beigabe von Spaghetti, Reis oder Pommes-Frites. Proportionen für 5-6 Personen.

Hackfleisch-Würstchen aus Smyrna im Ofen gebacken: Die Würstchen in einer genügend grossen Gratinplatte anrichten und mit ½ Tasse geschmolzener Butter übergiessen. 20 Minuten in sehr heissem Ofen backen. Die Tomaten, ⅓ Tasse Butter und je 1 Teelöffel Salz und Zucker zusammen 15 Minuten kochen. Diese Sauce über die Würstchen giessen und im Ofen noch 15 Minuten backen.

Mit grünen Oliven: 1 Tasse Oliven 5 Minuten kochen, abtropfen lassen und der Sauce beimischen.

MOUSAKA - KARTOFFELN
(Patates mousaka)

1 Zwiebel in Scheiben geschnitten
2 Knoblauch-Zehen
1 Tasse Butter
1 Pfund Hackfleisch
1 Büchse (1 Pfund) Tomaten
1 Lorbeerblatt
Salz, Pfeffer
2½ Pfund Kartoffeln

Die Zwiebel und den Knoblauch in 2 Suppenlöffeln Butter weichbraten, das Hackfleisch beifügen und mit der Gabel verteilen. Die Tomaten, das Lorbeerblatt, Salz und Pfeffer dazu mischen und zugedeckt 45 Minuten leicht kochen lassen.
Mit dem Rest der Butter die Kartoffeln leicht anbraten. In einer tiefen Platte abwechselnd eine Schicht Kartoffeln und eine Schicht Fleisch mit Tomaten anrichten. Die oberste Schicht besteht aus Kartoffeln. Mit 1 Tasse warmem Wasser übergiessen, zudecken und im Ofen, bei mittlerer Hitze, kochen. Proportionen für 5 Personen.

Nach Belieben kann die oberste Schicht Kartoffeln mit 2 Tassen Bechamel-Sauce bedeckt werden. Unzugedeckt, im Ofen bei mittlerer Hitze, 35-45 Minuten backen.

GEFÜLLTE AUBERGINEN I
(Melitsanes yemistes)

- 2 Pfund kleine, runde Auberginen
- 1 Tasse Butter
- 1 kleine Zwiebel, fein gehackt
- 1 Pfund Hackfleisch
- 1 Handvoll Petersilie gehackt
- ½ Tasse Reis
- Salz, Pfeffer
- 2 Tomaten, geschält und zerschnitten
- 1 Tasse Tomatensaft
- 1 Suppenlöffel Zucker

Am kleinen Ende der Auberginen 2,5 cm abschneiden. Mit einem Löffel entleeren und den grösseren Teil des Fleisches entfernen. Innen mit Salz bestreut, 1 Stunde ruhen lassen. Abspülen und abtropfen lassen.
In einer grossen Bratpfanne ½ Tasse Butter erhitzen und darin die Zwiebel, das Hackfleisch und die Petersilie zusammen anbraten. Den Reis, die Tomaten, das Salz und den Pfeffer beifügen und einige Minuten rühren.
Die Auberginen bis dreiviertel Höhe mit der Masse füllen und mit den abgeschnittenen Enden, wie mit einem Zapfen, verschliessen. In einer Gratinplatte anrichten.
Den Tomatensaft mit 1 Tasse Wasser und dem Rest der Butter zum Sieden bringen, salzen, pfeffern und den Zucker beigeben und diese Mischung über die Auberginen giessen. Zudekken und im Ofen, bei schwacher Hitze, 40 Minuten kochen. Den Deckel der Pfanne entfernen und noch weitere 30 Minuten backen lassen, bis die Auberginen weich sind und die Sauce eingedickt ist. Proportionen für 6 Personen.

GEFÜLLTE AUBERGINEN II
(Melitsanes papoutsakia)

- 2 mittelgrosse Zwiebeln, fein gehackt
- 1 Pfund Hackfleisch
- $\frac{1}{4}$ Tasse Butter
- 2 mittelgrosse Tomaten, geschält und zerschnitten
- 2 Teelöffel Salz
- $\frac{1}{2}$ Teelöffel Pfeffer
- Petersilie, gehackt
- 1 Ei, leicht geschlagen
- $\frac{1}{2}$ Tasse Käse, gerieben
- 2 Suppenlöffel Paniermehl
- 2 $\frac{1}{4}$ Pfund Auberginen (ungefähr 12 lange, dünne Auberginen
- 1$\frac{1}{2}$ Tassen Olivenöl
- 1 Tasse Bechamel-Sauce
- 1 Ei, geschlagen
- 1$\frac{1}{2}$ Tassen Tomaten-Sauce

Die Zwiebeln und das Fleisch, unter ständigem Rühren, in der Butter goldgelb braten. Salzen, pfeffern und die Tomaten beifügen. Zudecken, und etwa 15 Minuten kochen. Vom Feuer nehmen. Die Petersilie, das Ei, $\frac{1}{4}$ Tasse geriebenen Käse und das Paniermehl darunter mischen.

An jeder Aubergine, der Länge nach, einen 2,5 cm breiten Streifen der Haut entfernen. Mit einem Abstand von 2,5 cm von jedem Ende, auf der ganzen Länge und nur auf einer Seite einen Einschnitt machen. Waschen, abtropfen und abtrocknen.

In einer grossen Bratpfanne das Oel erhitzen und darin je 6 Auberginen, bei schwachem Feuer und zugedeckt braten, bis sie weich sind und Farbe angenommen haben. Von Zeit zu Zeit wenden. Sorgfältig aus der Bratfanne nehmen und in einer Gratinplatte, mit der Oeffnung nach oben, anrichten. Die Spalte der Auberginen mit der Masse füllen.

1 Tasse Bechamel-Sauce zubereiten, unter Beigabe von 1 Ei und dem Rest vom Käse. Davon 1 Suppenlöffel auf jede Aubergine giessen. Mit geriebenem Käse bestreuen und nussgrosse Butter-Stückchen darauf legen. Nach Belieben Tomaten-Sauce

Gefüllte Courgetten

beifügen. Im Ofen, bei schwacher Hitze, etwa 35 Minuten backen. Proportionen für 6 Personen.

GEFÜLLTE COURGETTEN
(Kolokithakia yemista)

4 Pfund mittelgrosse Courgetten
1 Pfund Hackfleisch
1 kleine Zwiebel, fein gehackt
½ Tasse Reis
Petersilie, gehackt
1 Suppenlöffel Salz
½ Teelöffel Pfeffer
1½ Tassen Tomatensaft
¾ Tasse Butter

Die Stiele der Courgetten abschneiden und die Courgetten entleeren und auskratzen. Darauf achten, dass eine genügend dicke Schicht Fleisch bestehen bleibt.
Das Hackfleisch mit der Zwiebel, dem Reis, der Petersilie, dem

Salz und dem Pfeffer vermischen. Die Courgetten mit dieser Masse füllen und nebeneinander in einer Gratinplatte anrichten. Den Tomatensaft mit der Butter und dem Wasser erhitzen und damit die Courgetten übergiessen. Zudecken und bei schwachem Feuer im Ofen 40 Minuten kochen. Den Deckel der Platte entfernen und backen, bis der Gratin goldgelb ist. Zum Servieren auf einer vorgewärmten Platte anrichten und mit Sauce bedecken.

Gefüllte Courgetten mit Eier-und Zitronen-Sauce

Nach obenerwähntem Rezept vorgehen. Den Tomatensaft weglassen. Ueber die Courgetten 2 Tassen Rind-oder Hühner-Bouillon und geschmolzene Butter giessen. Wie oben vermerkt, kochen. Mit Eier-und Zitronen-Sauce bedecken. (Siehe unter Saucen, Sauce I).

MIT FLEISCH GEFÜLLTE TOMATEN
(Tomates yemistes me kima)

10-12 mittelgrosse Tomaten
2 Suppenlöffel Zucker
1 Tasse Butter
1 mittelgrosse Zwiebel, fein zerschnitten
1 $\frac{1}{4}$ Pfund Hackfleisch
$\frac{1}{2}$ Tasse Reis, roh
Petersilie, gehackt
Salz, Pfeffer
$\frac{1}{2}$ Teelöffel Zimt-Pulver (wahlweise)
Paniermehl

Am oberen Teil der Tomaten Deckel abschneiden und zurückbehalten. Die Tomaten mit einem Löffel entleeren und das Mark durch ein Sieb streichen und aufbewahren. Die Tomaten in einer Gratinplatte anrichten und in jede Tomate $\frac{1}{2}$ Teelöffel Zucker geben.

In einer grossen Bratpfanne die Zwiebel mit $\frac{1}{2}$ Tasse Butter weichbraten, das Hackfleisch beifügen und einige Minuten rühren. Den Reis, Petersilie, den Zimt und 1 Tasse Tomatenmark

beimischen, salzen und pfeffern. Zudecken und bei schwachem Feuer 10 Minuten kochen. Vom Feuer nehmen und abkühlen lassen. Die Tomaten mit dieser Masse bis $\frac{3}{4}$ Höhe füllen, damit der Reis aufquillen kann, und mit den Tomaten-Deckeln verschliessen. Mit dem Rest der geschmolzenen Butter begiessen und mit dem Paniermehl bestreuen. Auf den Boden der Platte 1 Tasse Tomatenmark legen. Im Ofen, bei schwacher Hitze, etwa $1\frac{1}{2}$ Stunden backen. Proportionen für 5-6 Personen.
Auf gleiche Weise können grüne Peperoni gefüllt, und mit den Tomaten gekocht werden.

GEFÜLLTE WEINREBEN-BLÄTTER MIT EIER- UND ZITRONEN-SAUCE
(Dolmadakia avgholemono)

$\frac{1}{2}$ Pfund Weinreben-Blätter, frisch oder aus der Büchse von 1 Pfund
$1\frac{1}{3}$ Pfund Hackfleisch
$\frac{1}{2}$ Tasse Reis, roh
1 mittelgrosse Zwiebel, fein gehackt
2 Teelöffel Salz
$\frac{1}{2}$ Teelöffel Pfeffer
Petersilie und frischen Dill gehackt
2 Suppenlöffel Olivenöl
$\frac{1}{4}$ Tasse Wasser
$\frac{1}{3}$ Tasse Butter
Eier-und Zitronen-Sauce II (siehe unter Saucen)

Die frischen Rebenblätter blanchieren, mit kaltem Wasser abspülen und abtropfen lassen. Blätter aus der Konserve nur mit warmem Wasser abspülen und abtropfen.
Das Hackfleisch mit den anderen Zutaten, ausser der Eier-und Zitronen-Sauce und der Butter, mischen. Die Blätter mit der glänzenden Seite nach unten ausbreiten. Auf die matte Seite, gegen den Stiel hin, einen Löffel der Füllmasse legen, die Ränder umbiegen und rollen. So fortfahren, bis alle Masse aufgebraucht ist.

Die «dolmadakia» eng nebeneinander in einer Kasserolle anrichten und die Butter und 3 Tassen kochendes Wasser darüber giessen. Um zu verhindern, dass sie sich öffnen, einen schweren Teller darauf legen. Zudecken und bei sehr schwachem Feuer 1 Stunde, oder bis alles Wasser aufgesogen ist, kochen. Heiss mit einer Eier -und Zitronen-Sauce servieren.
Die Eier-und Zitronen-Sauce kann auch durch Joghurt ersetzt werden.

COURGETTEN - MOUSAKA
(Kolokithakia mousaka)

- 3½ Pfund Courgetten
- 1 Tasse Olivenöl
- 1½ Pfund Hackfleisch
- 1 grosse Zwiebel, fein zerschnitten
- 1 Knoblauch-Zehe, gehackt
- 2 gehäufte Suppenlöffel Butter
- 3 mittelgrosse Tomaten, geschält und zerschnitten
- 2 Teelöffel Salz
- 1 Messerspitze Pfeffer, gemahlen
- 2 gehäufte Suppenlöffel Paniermehl
- 3 Eier, Petersilie
- Bechamel-Sauce (siehe unter Saucen)
- ½ Pfund «cottage-cheese» oder Zieger
- ½ Tasse Käse, gerieben (Kefalotiri oder Parmesan)

Die Courgetten in dünne Scheiben schneiden. In einer grossen Bratpfanne das Oel erhitzen und darin je einige Scheiben zusammen goldgelb anbraten.
Mit der Butter das Hackfleisch, die Zwiebel und den Knoblauch anbraten und die Tomaten, Salz und Pfeffer beifügen. Zudecken und bei schwachem Feuer 30 Minuten kochen. Vom Feuer nehmen und das Paniermehl, 1 geschlagenes Ei und die gehackte Petersilie darunter mischen.
Eine Bechamel-Sauce zubereiten und die restlichen Eier und den Käse beifügen. Eine Gratinplatte von 33×27×5 cm Grösse

mit Butter bestreichen und mit Paniermehl bestreuen. Abwechselnd, schichtenweise die Courgetten und das Hackfleisch darin anrichten. Mit der Bechamel bedecken und im Ofen, bei schwacher Hitze, etwa 45 Minuten, oder bis die Oberfläche goldgelb ist, backen.

Kartoffel-Mousaka II: Gleiches Rezept wie für die Courgetten verwenden, diese jedoch durch Kartoffeln, in dünne Scheiben gechnitten und in Butter leicht angebraten, ersetzen.

Mousaka mit drei Gemüsen: Das obenerwähnte Grund-Rezept verwenden, jedoch mit 1 Pfund Kartoffeln, 1 Pfund Auberginen, 1½ Pfund Courgetten und 2 Pfund Hackfleisch. In die Gratinplatte eine Schicht Kartoffeln, darauf die Hälfte des Hackfleisches, darauf eine Schicht zerschnittene (in Scheiben) Auberginen, darauf den Rest des Fleisches und darauf eine Schicht Courgetten legen. Mit Bechamel-Sauce bedecken und in den Ofen schieben.

POULET MIT ZITRONE
(Kotopoulo lemonato)

- 2½-3 Pfund Poulet, in 4 Teile geschnitten und zum Braten vorbereitet
- ½ Tasse Butter
- Saft von 1½ mittelgrossen Zitronen
- ½ Tasse warmes Wasser
- 2 Teelöffel Salz
- ¼ Teelöffel Pfeffer

In einer grossen Bratpfanne die Butter erhitzen und darin die Poulet-Stücke auf allen Seiten goldgelb anbraten. Aus der Bratpfanne nehmen und in eine Pfanne von 3 Liter Inhalt legen. Mit dem Wasser und dem Zitronensaft begiessen, salzen und pfeffern. Zudecken und 1 Stunde oder bis das Poulet gar ist, kochen. Alle 20 Minuten begiessen. Das Poulet auf einer vorgewärmten Servier-Platte anrichten und Sauce darüber geben. Mit Pilaf-Reis servieren. Proportionen für 4 Personen.

POULET MIT REIS
(Kotopoulo pilafi)

- 1 Poulet von 3 Pfund in Portionen geschnitten
- 1 mittelgrosse Zwiebel, gehackt
- ½ Tasse Butter
- 2 Tassen Reis
- 1½ Pfund Tomaten, geschält und zerschnitten
- 1 Suppenlöffel Salz
- ½ Teelöffel Pfeffer
- 4 Tassen kochendes Wasser

Die Poulet-Stücke und die Zwiebel mit der Butter goldgelb anbraten. Salzen, den Pfeffer, die Tomaten und ½ Tasse kochendes Wasser beifügen. Zudecken und 45 Minuten leicht kochen lassen. Den Reis waschen und ihn mit dem Rest des warmen

Wassers zum Poulet geben. Den Reis mit einer Gabel umrühren, damit sich die Reiskörner voneinander lösen. Zugedeckt, 16 Minuten, oder bis der Reis gar ist, leicht kochen lassen. Mit einer Tasse Joghurt servieren. Proportionen für 6 Personen.

POULET - RAGOUT
(Kotopoulo kapama)

1 Poulet von 3-3½ Pfund
½ Tasse Butter
1 mittelgrosse Zwiebel, fein zerschnitten
2 Teelöffel Salz
1 Pfund sehr reife Tomaten geschält und zerschnitten
½ Tasse Weisswein
½ Teelöffel Pfeffer

Das in vier Teile geschnittene Poulet in der Butter goldgelb anbraten. Aus der Bratpfanne nehmen und in eine Kasserolle legen. In der Bratpfanne mit der gleichen Butter die Zwiebel weichbraten. Salzen und den Pfeffer, die Tomaten und den Wein beigeben, zum Sieden bringen und über das Poulet giessen. Zudecken und auf schwachem Feuer kochen, bis das Poulet bereit, und die Sauce eingedickt ist. Zu Pommes-Ftites, Teigwaren oder Reis servieren. Proportionen für 4 Personen.

Poulet mit Nudeln (Kotopoulo me chilopites): Ein Poulet-Ragout zubereiten. 1 Pfund Nudeln in Salzwasser kochen, abtropfen und in die Pfanne zum Poulet geben. Mit der Sauce begiessen und mit geriebenem Käse bestreuen und nussgrossc Stückchen Butter darüber verteilen. Im Ofen, bei schwacher Hitze, 10-15 Minuten backen.

Poulet mit Bamies (Kotopoulo me bamies): Ein Poulet-Ragout zubereiten. Von 1 Pfund kleinen Bamies den obersten, konischen Teil entfernen. Die Bamies waschen, abtropfen und in eine Platte legen. Mit Essig begiessen und mit Salz bestreut, ½ Stunde ruhen lassen. Abspülen und abtropfen und einige Minuten in

Butter anbraten. Das Poulet aus der Sauce nehmen, auf einer Servier-Platte anrichten und warmstellen. Die Bamies mit ½ Tasse Wasser der Sauce beifügen und zugedeckt, auf sehr schwachem Feuer etwa 30 Minuten kochen. Die Bamies um das Poulet legen und heiss servieren.

Poulet mit frischen, feinen Erbsen (Kotopoulo me araka): Ein Poulet-Ragout zubereiten. 10 Minuten vor Ende der Kochzeit, 2 Pfund gekochte frische Erbsen und ½ Tasse ihres warmen Kochwassers dem Poulet beifügen, oder 1 Büchse feine Erbsen (Konserve).

Poulet mit Zwiebeln (Kotopoulo stifado): Wie beim Poulet-Ragout vorgehen, jedoch den Tomaten folgendes beifügen: 2 Pfund blanchierte oder in Butter angebratene kleine Zwiebeln, 1 Knoblauch-Zehe, 1 Lorbeerblatt, ⅓ Tasse Olivenöl und ½ Tasse Rotwein.

GEFÜLLTES POULET
(Kotopoulo yemisto)

- 1 Poulet von 4 Pfund, zum Braten zubereitet
- 2 Teelöffel Salz
- ¾ Tasse Butter
- 2 Suppenlöffel Pinien-Kerne
- ½ Tasse Reis
- 1 Tasse warmes Wasser
- 2 Suppenlöffel Rosinen (Korinthen)
- ¼ Teelöffel Pfeffer

Das Poulet zum Braten vorbereiten und das Innere und den Hals mit Salz ausreiben. Die Innereien in kleine Stücke schneiden. Die Pinien-Kerne mit ¼ Tasse heisser Butter braun rösten. Herausnehmen. In der gleichen Butter die Innereien anbraten, den Reis beifügen und 3 Minuten braten. Die Pinien-Kerne, das Wasser, die Rosinen, das Salz und den Pfeffer beifügen, zudecken und bei mittlerer Temperatur etwa 10 Minuten, oder bis das Wasser verdampft ist, kochen. ⅔ des Poulets mit dieser Masse füllen und die Oeffnung zunähen. Das Geflügel abbinden und braten. Das Poulet auf den Rücken auf einen Grill, über eine Abtropf-Pfanne, legen. Ein Stramin-Tuch in geschmolzene Butter tauchen und das Geflügel damit bedecken. Im Ofen, bei leichter Hitze, etwa 2 Stunden braten. Sollte das Stramin-Tuch trocken werden, es mit Bratensaft begiesssen. Gegen Ende der Kochzeit das Tuch entfernen. Mit Füllmasse garniert servieren. Proportionen für 6 Personen.

REBHUHN MIT WEIN
(Perdikes krasates)

3 junge Rebhühner, zum Kochen vorbereitet
Salz, Pfeffer
½ Tasse Butter
1 Tasse trockenen Rotwein
1 Zitrone

Die Rebhühner in 2 Teile schneiden, salzen und pfeffern. In Butter goldgelb anbraten und den Wein und den Zitronensaft mit einem kleinen Stück Zitronenschale darübergiessen. Zudecken und bei schwachem Feuer garkochen. Proportionen für 6 Personen.

TAUBEN IN WEIN-SAUCE
(Pitsounia krasata)

4 junge Tauben
Salz, Pfeffer
½ Tasse Butter
1 Tasse trockenen Weisswein
4 sehr reife Tomaten, geschält und zerschnitten

Die Vögel ausnehmen und flambieren. Salz und Pfeffer beifügen und in der Butter goldgelb anbraten. Den Wein beigeben und, wenn er verdampft ist, die Tomaten. Zudecken und bei sehr schwachem

Feuer kochen, bis die Vögel weich sind und die Sauce eingedickt ist. Zu Teigwaren, Reis oder Pommes-Frites servieren. Proportionen für 4 Personen.

Tauben mit feinen Erbsen: Am Ende der Kochzeit eine Tasse frische, gekochte Erbsen, oder das gleiche Quantum Erbsen aus der Büchse, beifügen.

Tauben mit Oliven: 1 Tasse grüne Oliven 5 Minuten kochen und diese 15 Minuten vor Ende der Kochzeit zu den Tauben geben.

ENTE IN DER SCHMORPFANNE
(Papia psiti katsarolas)

1 junge Ente
Olivenöl
Petersilie, gehackt
1 Lorbeerblatt
2 gehäufte Suppenlöffel Butter
Salz, Pfeffer
Saft von 1 Zitrone

Die vorbereitete Ente mit einigen Löffeln Olivenöl, unter Zugabe des Lorbeerblattes, begiessen und 3-4 Stunden ruhen lassen. Sodann in der Butter goldgelb anbraten, salzen, pfeffern und mit dem Zitronensaft und $\frac{1}{2}$ Tasse warmem Wasser übergiessen. Zugedeckt, bei leichtem Feuer, 2 Stunden, oder bis die Ente weich ist, kochen.

ENTEN-RAGOUT
(Papia kapama)

siehe Poulet-Ragout

ENTE MIT BAMIES
(Papia me bamies)

siehe Poulet mit Bamies

ENTEN-SALMIS
(Papia salmi)

siehe Salmis aus Wild-Ente

HASE MIT ZWIEBELN
(Laghos stifado)

1 Hase
Essig
Marinade (Beize):
1 Zwiebel und 1 gelbe Rübe in runde Scheiben geschnitten
2½ Tassen trockenen Rotwein
1 Lorbeerblatt, Pfeffer-Körner,
1 Zweig Rosmarin
1 Sellerie-Stange
4 Suppenlöffel Essig
½ Tasse Olivenöl
½ Tasse Butter
1 Zwiebel, fein gehackt
2 Knoblauch-Zehen
2 Pfund kleine Zwiebeln, geschält
1 Büchse (1 Pfund) Tomatensaft
Salz, Pfeffer

Den Hasen zerschneiden und in Wasser und Essig waschen. In ein Gefäss legen und mit der Marinade übergiessen, bestehend aus: Zwiebeln, gelbe Rübe, Lorbeerblatt, Pfeffer, Rosmarin, Sellerie, Essig und Wein. Zugedeckt, mindestens 2 Tage im Kühlschrank aufbewahren.
Die Hasenfleisch-Stücke aus der Marinade nehmen, abtrocknen und in einer grossen Bratpfanne mit Butter und Oel goldgelb anbraten. Aus der Bratpfanne nehmen und in eine Kasserolle

legen. In der gleichen Bratpfanne die Zwiebeln und den Knoblauch weichbraten. Diese, sowie die kleinen Zwiebeln, dem Hasenfleisch beifügen.

Die Marinade 10 Minuten kochen, sieben und über das Fleisch und die Zwiebeln giessen. Den Tomatensaft, Salz und Pfeffer beifügen und im Ofen, bei leichtem Feuer, zugedeckt, $2\frac{1}{2}$-3 Stunden, oder bis das Fleisch weich, und die Sauce eingedickt ist, kochen. Proportionen für 6-8 Personen.

KANINCHEN MIT ZWIEBELN
(Kouneli stifado)

Nach dem gleichen Rezept, wie für «Hase mit Zwiebeln» vorgehen, jedoch das Fleisch nur einige Stunden oder 1 Tag in der Marinade lassen.

WACHTELN MIT REIS
(Ortikia me pilafi)

4 Wachteln
$\frac{1}{3}$ Tasse Butter
1 mittelgrosse Zwiebel, fein geschnitten
Salz, Pfeffer
Wasser oder Bouillon
2 Tassen Reis
Käse, gerieben (wahlweise)

Die Wachteln ausnehmen und flambieren. Die Butter in einer Pfanne erhitzen und darin die Vögel goldgelb anbraten. Die Zwiebeln beifügen und noch einige Minuten braten. Mit $\frac{1}{2}$ Tasse Wasser oder Bouillon ablöschen, salzen und pfeffern. Zudecken und bei schwachem Feuer weichkochen. 4-5 Tassen Wasser oder Bouillon beigeben und sodann den Reis. Bei schwachem Feuer, zugedeckt, 18 Minuten kochen. Nature oder mit geriebenem Käse servieren. Proportionen für 4 Personen.

SALMIS AUS WILD-ENTE
(Agriopapia salmi)

1 Wild-Ente
$\frac{1}{2}$ Apfel
1 Stück Sellerie-Knollen
2 gehäufte Suppenlöffel Butter
$\frac{1}{3}$ Tasse Olivenöl
Salz, Pfeffer
1 Zwiebel, fein zerschnitten
1 Knoblauch-Zehe
Petersilie, gehackt
1 Tasse trockenen Weisswein
$\frac{1}{2}$ Tasse Bouillon
Saft von 1 Orange

Die Ente ausnehmen und flambieren. Gut in Wasser und Essig spülen. In das Innere des Vogels $\frac{1}{2}$ Apfel und den Sellerie-Knollen geben und mit einem Feuer-Eisen innen flambieren, um den Fischgeschmack zu entfernen (Fische sind die hauptsächlichste Nahrung der Wild-Enten).

Die Butter und das Oel in einer Pfanne erhitzen und die Vögel darin goldgelb braten. Sodann mit ein paar Löffeln Wasser oder Bouillon ablöschen, salzen und pfeffern. Zudecken und bei schwachem Feuer 30 Minuten kochen. In vier Stücke teilen und den Apfel und den Sellerie-Knollen, die den Fischgeschmack angenommen haben, wegwerfen.

Die Zwiebel und den Knoblauch weichkochen und die Petersilie, des Fleisch und den Wein beifügen. Nachdem der Wein zur Hälfte verdampft ist, die Bouillon und den Orangensaft dazu giessen. Zudecken und bei schwacher Hitze kochen, bis das Fleisch weich, und die Sauce eingedickt ist.

GEFÜLLTER TRUTHAHN
(Ghallos yemistos)

1 Truthahn von 8-10 Pfund
Salz, Pfeffer
1 mittelgrosse Zwiebel, fein zerschnitten
1 Tasse Butter
1 Pfund Kalbfleisch, gehackt
Die Geflügel-Leber, zerschnitten
1 Tasse Reis
1 Tasse warmes Wasser
½ Tasse Rosinen (Korinthen)
½ Tasse Pinien-Kerne, Nusskerne oder geschälte Mandeln (zerschnitten)
1 Pfund gekochte, geschälte Kastanien, entzwei geschnitten

Den Truthahn ausnehmen und gut waschen. Das Innere mit Salz und Pfeffer einreiben.

Die Füllmasse zubereiten: in etwas Butter die Zwiebel anbraten, ohne sie zu bräunen. Das Hackfleisch und die Geflügel-Leber beifügen, salzen und pfeffern. Die Mischung unter Umrühren einige Minuten braten. Mit warmem Wasser ablöschen, den Reis beifügen und zugedeckt, bei schwachem Feuer, 10 Minuten kochen. Die Rosinen, die Pinien-Kerne und die Kastanien dazu mischen. Den Truthahn mit dieser Masse füllen und die Oeffnung zunähen. Auf einen Grill, über einer Abtropf-Pfanne, legen und ½ Tasse Wasser, und sodann ¼ Tasse Butter über das Geflügel giessen. Zugedeckt, im Ofen, bei schwachem Feuer, 4-5 Stunden kochen. Mit dem Rest der Butter häufig übergiesse. Oder mit einem Aluminium-Papier oder einem in geschmolzene Butter getauchten Stramin-Tuch bedecken, das gegen das Ende der Kochzeit entfernt wird. Sollte zu viel Füllung vorhanden sein, diese neben dem Geflügel kochen und als Garnitur servieren.

GEFÜLLTE GANS
(China yemisti)

Auf gleiche Weise, wie für den gefüllten Truthahn vorgehen.

SCHNEPFEN MIT ROTWEIN
(Becatses krasates)

4 Schnepfen
½ Tasse Butter
1 Zwiebel, fein gehackt
Salz, Pfeffer
1 gehäuften Suppenlöffel Mehl
½ Tasse Rotwein
3 mittelgrosse Tomaten

Die Vögel ausnehmen und flambieren. Die Leber zurückbehalten. Mit der Hälfte der Butter die Vögel goldgelb anbraten. Die Zwiebel und die zerschnittene Leber beifügen, dann salzen und pfeffern. Mit Mehl bestäuben und die Tomaten und den Wein beigeben. Zudecken und bei schwachem Feuer kochen, bis die Schnepfen weich sind. Auf eine Platte legen und warm halten. Die Sauce durch ein Sieb treiben, erwärmen und über die Vögel giessen. Proportionen für 4 Personen.
Nach Belieben, der Zwiebel eine in Scheiben geschnittene gelbe Rübe und eine Sellerie-Staude beifügen.

ARTISCHOCKEN MIT OLIVENÖL
(Aginares a la polita)

6 grosse Artischocken
Zitrone, Salz
3-4 Frühjahrs-Zwiebeln, gehackt
12 Garnitur-Zwiebeln
2 gelbe Rüben, in Scheiben geschnitten
12 sehr kleine Kartoffeln
2 Suppenlöffel Mehl
1 Tasse Olivenöl
Salz, Pfeffer
Dill oder Petersilie

Die äusseren Blätter der Artischocken entfernen und nur die zarten Blätter bestehen lassen. Den oberen Teil auf 2,5 cm zurückschneiden, den Flaum entfernen und den unteren Teil aussen schälen. Waschen und in Salzwasser, mit Zugabe von Zitronensaft, legen, um zu verhindern, dass die Artischocken schwarz werden.

Folgende Zutaten in eine niedere Pfanne geben: Die Frühjahrs-Zwiebeln, die Garnitur-Zwiebeln, die gelben Rüben, die Artischocken und die Kartoffeln. Mit dem Olivenöl, dem Saft einer Zitrone und dem, in 1 Tasse Wasser aufgelösten Mehl, übergiessen. Mit Dill oder gehackter Petersilie bestreuen, salzen und pfeffern. Das Gemüse mit warmem Wasser übergiessen, zum Sieden bringen und zugedeckt 1 Stunde leicht kochen lassen. Oder im Ofen, bei schwachem Feuer, zugedeckt, 1½ Stunden backen.

Die Artischocken zusammen mit dem anderen Gemüse, bestreut mit Dill oder Petersilie, servieren. Proportionen für 6 Personen.

Alle mit Oel zubereiteten Speisen sind besser, wenn sie kalt serviert werden.

AUBERGINEN MIT OLIVENÖL
(Melitsanes me ladi)

2 Pfund lange Auberginen
1 Tasse Olivenöl
2 grosse Zwiebeln, fein gehackt
2 Pfund reife Tomaten
Petersilie, gehackt
3-4 Knoblauch-Zehen, gehackt
Salz, Pfeffer
2 Suppenlöffel Zucker

Das grüne Ende der Auberginen abschneiden und diese der Länge nach genügend tief einschneiden. Das Oel in einer Pfanne erhitzen und die Auberginen darin 10 Minuten, bei schwachem Feuer braten, mit zweimaligem Wenden. Aus der Bratpfanne nehmen und in eine Pfanne legen. Im Oel, in der Bratpfanne die Zwiebeln weichbraten, 2 zerschnittene Tomaten, die Petersilie, und den Knoblauch beifügen, salzen und pfeffern. 15 Minuten kochen lassen. Diese Mischung in die Spalten der Auberginen füllen. Den Rest der Tomaten durch ein Sieb streichen und $\frac{1}{4}$ über die Auberginen giessen. Salz, Pfeffer und Zucker darüber geben. Zudecken und im Ofen, bei schwacher Hitze, 40-45 Minuten kochen. Kalt servieren. Proportionen für 4 Personen.

SOMMER-GEMÜSE IM OFEN
(Briami)

1 Pfund Courgetten
1 Pfund Auberginen
1 Pfund Kartoffeln, geschält
2 grüne Peperoni
$1\frac{1}{2}$ Pfund Tomaten
$1\frac{1}{2}$ Tassen Olivenöl
Salz, Pfeffer
Petersilie
2 Zwiebeln, in runde Scheiben geschnitten

Die Courgetten abschaben und waschen. Alles Gemüse in Scheiben von 1 cm Dicke schneiden. Mit dem Olivenöl und 1 Tasse warmem Wasser übergiessen. Mit Petersilie, Salz und Pfeffer bestreuen. Zudecken und im Ofen, bei schwacher Hitze, $1\frac{1}{2}$ Stunden kochen. Während der letzten $\frac{1}{2}$ Stunde, den Deckel abnehmen. Proportionen für 4-5 Personen.

BOHNEN MIT OLIVENÖL
(Koukia me to ladi)

3 Pfund Bohnen
5-6 Frühjahrs-Zwiebeln, gehackt
1 Tasse Olivenöl
Joghurt
1 Suppenlöffel Zucker
2 gehäufte Suppenlöffel Dill, gehackt
Salz, Pfeffer

Die Bohnen aushülsen, waschen und abtropfen. Die Zwiebeln im Oel kochen und die Bohnen, den Dill, Salz, Pfeffer und den Zucker beifügen. Knapp mit Wasser bedecken und zugedeckt, bei mittlerer Hitze, kochen, bis die Bohnen weich sind und das Wasser verdampft ist. Mit Joghurt servieren. Proportionen für 5 Personen.

Bohnen mit Artischocken (Koukia me aginares): Das Rezept der Artischocken mit Olivenöl befolgen. Mit den Bohnen, wie oben angegeben, kochen.

GETROCKNETE BOHNEN MIT TOMATEN-SAUCE I
(Fasolia yachni)

1 Pfund weisse, getrocknete Bohnen
$\frac{3}{4}$ Tasse Olivenöl
2-3 mittelgrosse Zwiebeln, in runde Scheiben geschnitten
1 Pfund Tomaten, zerschnitten oder eine Büchse (1 Pfund)
Salz, Pfeffer

Die Bohnen waschen, mit kaltem Wasser bedecken und zum

Sieden bringen. Während 1 Stunde darin eigeweicht lassen. Abropfen, mit Wasser bedecken und bei schwachem Feuer $1\frac{1}{2}$ Stunden, oder bis sie fast weich sind, kochen.
In einer Bratpfanne das Oel erhitzen und die Zwiebeln darin weichbraten. Die Tomaten beifügen, salzen und pfeffern. Die Sauce zum Sieden bringen, die Bohnen beigeben und zugedeckt, etwa 30 Minuten kochen lassen. Heiss oder kalt servieren. Proportionen für 4-5 Personen.

GETROCKNETE BOHNEN MIT TOMATEN-SAUCE II
(Fasolia plaki)

Nach obenerwähntem Rezept vorgehen, jedoch Butter-Bohnen verwenden, die viel grösser sind. Nur 1 zerschnittene Zwiebel nehmen, dafür 2-3 Knoblauch-Zehen und eine Handvoll gehackte Petersilie beifügen.

ARTISCHOCKEN MIT FRISCHEN, FEINEN ERBSEN
(Arakas me aginares)

$2\frac{1}{2}$ Pfund frische Erbsen
4 Artischocken
Saft von 1 Zitrone
2 Suppenlöffel Mehl
5-6 Frühjahrs-Zwiebeln, gehackt
1 Tasse Olivenöl
1 Büchse (1 Pfund) Tomatensaft
2 gehäufte Suppenlöffel Petersilie
Salz, Pfeffer, Zucker

Die Erbsen enthülsen und waschen. Die Artischocken vorbereiten: die äusseren Blätter entfernen und nur die zarten Blätter bestehen lassen. Den oberen Teil auf 2,5 cm zurückschneiden, den Flaum entfernen und den unteren Teil schälen. In der Mitte durchschneiden und sofort in ein Gefäss mit dem Wasser, dem Zitronensaft und dem Mehl legen. 15 Minuten darin ruhen lassen.

In einer Bratpfanne das Oel erhitzen und darin die Zwiebeln weichbraten. Den Tomatensaft, 1 Tasse Wasser, die Petersilie, die Erbsen, die abgetropften Artischocken. Salz Pfeffer und 1 Teelöffel Zucker beifügen. Zudecken und 40 Minuten, oder bis das Gemüse gar, und die Sauce eingedickt ist, kochen. Heiss oder kalt servieren. Proportionen für 4-5 Personen.

FRISCHE, FEINE ERBSEN IN DER SCHMORPFANNE
(Arakas voutirou i saute)

2½ Pfund frische Erbsen
1 Teelöffel Salz
1 Teelöffel Zucker
⅓ Tasse Butter
3 Frühjahrs-Zwiebeln, in Würfel geschnitten
Petersilie, gehackt
Pfeffer

Die Erbsen enthülsen und waschen. In einer Pfanne knapp mit kochendem Wasser bedecken, salzen und den Zucker beifügen. 10 Minuten oder bis sie weich sind, kochen. Die Zwiebeln mit der Butter anbraten, die abgetropften Erbsen, die Petersilie und den Pfeffer beigeben und 10 Minuten, bei schwacher Hitze, leicht kochen lassen. Zu Fleisch servieren. Proportionen für 4-5 Personen.

Frische Erbsen mit Tomaten-Sauce (Arakas voutirou me saltsa tomata): Die Erbsen mit 1 Büchse (1 Pfund) Tomatensaft kochen.

GEBRATENE AUBERGINEN
(Melitsanes tighanites)

Kleine, runde Auberginen
Salz
Mehl, oder Backteig
Olivenöl zum Braten

Das grüne Ende Auberginen abschneiden und diese in Scheiben aufteilen. Mit Salz bestreut. 1 Stunde ruhen lassen. Mit kaltem

Wasser abspülen und abtropfen. Die Scheiben in Mehl wenden und in wenig Oel braten. Oder die Scheiben in Backteig tauchen und in viel Oel, schwimmend, goldgelb backen. Auf ein Fliesspapier legen und mit Salz bestreuen. Nature oder begleitet mit Tomaten-Sauce oder Knoblauch-Sauce (Scordalia) servieren.

GEBACKENER BLUMENKOHL
(Kounoupidi tighanito)

1 mittelgrossen Blumkenkohl
Salz
1 Tasse Mehl
2 Eier, geschlagen
½ Tasse Milch
2 Suppenlöffel Butter, geschmolzen
Pfeffer
Olivenöl zum Backen

Den Blumenkohl in kleine Röschen aufteilen, in Wasser kochen, bis sie halbweich sind. Abtropfen, abkühlen lassen und abtrocknen. Mit dem Mehl, den Erbsen, den Eiern, der Milch, der geschmolzenen Butter und dem Pfeffer einen Teig zubereiten. Die Blumenkohl-Röschen in den Teig tauchen (nur eine kleine Anzahl gleichzeitig) und schwimmend in heissem Olivenöl backen, Heiss servieren. Proportionen für 4 Personen.

GEBRATENE COURGETTEN
(Kolokithakia tighanita)

3 Pfund mittlere Courgetten
Salz, Pfeffer
Mehl
Olivenöl zum Braten

Die Courgetten waschen und in feine Scheiben schneiden. Salz und Pfeffer mit dem Mehl vermischen und die Courgetten-Scheiben darin wenden. In einer grossen Bratpfanne das Oel erhitzen und darin je einige Courgetten-Scheiben goldgelb braten. Mit Knoblauch-Sauce (scordalia) oder mit Tomaten-Sauce servieren.

BAMIES MIT TOMATEN
(Bamies me saltsa laderes)

1 Pfund kleine frische Bamies
½ Tasse Essig, Salz
¾ Tasse Olivenöl
2 mittelgrosse Zwiebeln, grob zerschnitten
1 Pfund frische Tomaten oder
1 Büchse
Salz, Pfeffer
1 Teelöffel Zucker

Den obersten Teil der Bamies abschneiden, diese waschen und abtropfen lassen. In eine Pfanne geben, mit dem Salz bestreuen und den Essig darüber giessen. ½ Stunde ruhen lassen (um das Aufspringen während dem Kochen zu verhindern).
In einer grossen Bratpfanne das Olivenöl erhitzen und darin die Zwiebeln leicht anbraten. Die Bamies beifügen und schwach goldgelb braten, unter sorgfältigem Schütteln der Bratpfanne. Die geschälten und zerschnittenen Tomaten beigeben, salzen und pfeffern. Zudecken und etwa 45 Minuten, oder bis die Bamies weich sind, leicht kochen lassen. Kalt servieren. Proportionen für 4 Personen.

KARTOFFEL-PASTETCHEN
(Patatokeftedes)

2 Pfund Kartoffeln, gekocht und zerstossen
1 Ei, 1 Eigelb
1 Tasse Käse, gerieben
2 Suppenlöffel Petersilie, gehackt
Salz, Pfeffer
1 kleine Zwiebel, zerschnitten
Mehl, Olivenöl

Alle Zutaten, ausser dem Mehl und dem Olivenöl, vermischen. Sollte die Masse nicht genügend fest sein, noch etwas Mehl beifügen. Daraus eiergrosse Kugeln formen, diese etwas flach drücken und auf eine mit Mehl bestäubte Platte legen und kühlstellen.

Kurz vor dem Servieren, die Pastetchen bei mittlerer Hitze auf beiden Seiten goldgelb braten. Mit Runkelrüben-Salat und mit Knoblauch-Sauce (scordalia) servieren.

GEBRATENER SPINAT
(Spanaki sauté)

2½ Pfund frischen Spinat
½ Tasse Butter
2-3 Frühjahrs-Zwiebeln, in Würfel geschnitten
Salz, Pfeffer
Dill, gehackt

Den Spinat in mehreren Wassern waschen und gut abtropfen lassen. In einer Pfanne die Butter erhitzen und darin die Zwiebeln 5 Minuten, oder bis sie weich sind, braten. Den Spinat und den Dill beifügen, salzen und pfeffern. Umrühren und zugedeckt etwa 15 Minuten kochen lassen. Proportionen für 4 Personen.

KARTOFFEL - RAGOUT
(Patates yachni)

3 Pfund Kartoffeln
2 mittelgrosse Zwiebeln, fein gehackt
1 Tasse Olivenöl
1-1½ Pfund sehr reife Tomaten, geschält und in Scheiben geschnitten
Salz, Pfeffer
Petersilie, gehackt

Die Kartoffeln schälen, waschen und in dünne Scheiben schneiden. Im Wasser liegen lassen.

In einer Pfanne die Zwiebeln mit dem Oel weichkochen und darauf, abwechslungsweise, in Schichten, die Kartoffeln und die Tomaten legen. Mit Petersilie bestreuen, salzen und pfeffern und mit 2 Tassen warmem Wasser übergiessen. Zudecken und auf schwachem Feuer etwa 30 Minuten, oder bis die Kartoffeln weich sind und die Sauce eingedickt ist, kochen. Oder im Ofen etwa $1\frac{1}{2}$ Stunden backen. Heiss oder kalt servieren. Proportionen für 5-6 Personen.

Kartoffel-Ragout mit Knoblauch (Patates plaki): Die Zwiebeln durch 3-4 Knoblauch-Zehen (zerdrückt) ersetzen.

Kartoffel-Ragout mit gesalzenem Kabeljau: Das obenerwähnte Rezept befolgen. Mit den Zwiebeln 2 gehackte Knoblauch-Zehen anbraten und 1 Pfund gesalzene Kabeljau-Filets, die während einer Nacht eingeweicht wurden, beifügen. 5-6 Minuten bei sehr schwachem Feuer kochen.

KARTOFFEL-RAGOUT MIT ZITRONE
(Patates lemonates)

$2\frac{1}{4}$ Pfund Kartoffeln, geschält und in Viertel aufgeteilt
1 Teelöffel Salz
$\frac{1}{4}$ Teelöffel Pfeffer
1 Lorbeerblatt
2 Tassen warmes Wasser, oder Rind-Bouillon
Saft von 1 Zitrone
2 Knoblauch-Zehen
Petersilie, gehackt

In einer grossen Bratpfanne alle Zutaten, ausser der Petersilie, vermischen. Zudecken und leicht kochen lassen, bis die Kartoffeln weich sind. Mit Petersilie bestreuen. Zu gegrilltem oder gekochtem Schweinefleisch oder zu Lamm-Koteletten servieren. Proportionen für 4-5 Personen.

COURGETTEN-RAGOUT
(Kolokithakia yiachni i plaki)

Das gleiche Rezept wie für Kartoffel-Ragout (yiachni i plaki) befolgen, jedoch das Wasser weglassen und 4 Pfund Courgetten verwenden. Zugedeckt, im Ofen, bei schwacher Hitze, etwa 1½ Stunden kochen. Wenn die Courgetten weich sind, feine Streifen Feta-Käse darüber legen oder mit geriebenem Käse bestreuen. 10-12 Minuten unter einen Grill geben.

GRÜNE BOHNEN MIT OLIVENÖL
(Fasolakia me ladi)

2½ Pfund grüne Bohnen
1 Tasse Olivenöl
2 Zwiebeln, in runde Scheiben geschnitten
1 Knoblauch-Zehe (wahlweise)
1 Pfund Tomaten, zerschnitten
3 Suppenlöffel Petersilie, gehackt
Salz, Pfeffer
1 gehäuften Teelöffel Zucker

Die Fäden der Bohnen entfernen und diese entweder in schräge Stücke von 2,5 cm, oder der Länge nach in feine Streifen schneiden.
Das Oel in einer Pfanne erhitzen und darin die Zwiebeln und den Knoblauch weichkochen. Die Tomaten, die Petersilie, die Bohnen und den Zucker beifügen, salzen und pfeffern. Zudecken und bei mittlerer Hitze etwa ½ Stunde kochen. Kalt servieren. Proportionen für 4-5 Personen.

MAGER-GEFÜLLTE TOMATEN
(Tomates yemistes me risi)

10-12 mittelgrosse Tomaten
4 Suppenlöffel Zucker
1 ¼ Tasse Olivenöl
1 Tasse Reis, roh
1 grosse Zwiebel, zerschnitten
½ Tasse Rosinen (Korinthen)
2 Suppenlöffel Pinen-Kerne (wahlweise)
2 Suppenlöffel Pfefferminz oder Petersilie, gehackt
Salz, Pfeffer
Paniermehl

Die Tomaten waschen und oben Deckel abschneiden und diese aufbewahren. Die Tomaten mit einem Löffel entleeren und das Innere mit Zucker bestreuen.

In einer Bratpfanne die Zwiebeln mit ½ Tasse Olivenöl braten, den Reis beifügen, umrühren und einige Minuten braten.

Das zerdrückte und zerschnittene Tomatenmark, ½ Tasse Wasser, die Rosinen, die Pinien-Kerne, Pfefferminz oder Petersilie und den Rest des Zuckers dazu mischen, salzen und pfeffern. Zugedeckt, 10 Minuten kochen. Die Tomaten mit dieser Masse nicht bis ganz oben füllen, damit der Reis aufquillen kann, und die aufbewahrten Deckel darauf legen. In einer niederen Gratinplatte anrichten und den Rest des durch ein Sieb gestrichenen Tomatenmarkes dazu geben. Jede Tomate mit 1 Suppenlöffel Oel übergiessen, sowie mit Paniermehl bestreuen. Im Ofen, bei schwacher Hitze, 1½ Stunden backen. Proportionen für 5 Personen.

Nach Belieben können auf gleiche Weise grüne Peperoni, die vorher blanchiert wurden, gefüllt und mit den Tomaten gekocht werden.

Mager - Gefüllte Courgetten

MAGER-GEFÜLLTE COURGETTEN
(Kolokithakia papoutsakia)

2½ Pfund mittelgrosse Courgetten
1 Suppenlöffel Salz
½ Tasse Butter
1 kleine Zwiebel gehackt
3 Eier
1½ Tassen Brotkrumen
¼ Teelöffel Pfeffer
1 Tasse Käse gerieben
2 Suppenlöffel Petersilie gehackt
1 Tasse Bechamel-Sauce

Die Enden der Courgetten abschneiden, die Courgetten abschaben und waschen. Die ganzen Courgetten in siedendem Wasser mit 1 Suppenlöffel Salz 8-10 Minuten kochen und abtropfen lassen.
Die Courgetten der Länge nach teilen, in eine Gratinplatte legen, aushöhlen, und das Fleisch in kleine Stücke schneiden. In einer kleinen Pfanne die Zwiebel mit ¼ Tasse warmer Butter anbraten. Das Fleisch der Courgetten dazu geben und etwa 5

Minuten kochen lassen. Die Brotkrumen, 2 Eier, $\frac{1}{2}$ Tasse Käse, die Petersilie, $\frac{1}{2}$ Teelöffel Salz und den Pfeffer beimischen. Mit dieser Masse die Courgetten füllen.
Die Bechamel mit 4 Suppenlöffeln Käse und 1 Ei verrühren. Mit dieser Sauce die Courgetten bedecken, kleine nussgrosse Stückchen Butter (aus dem Rest der Butter) darauf legen und mit dem Rest des geriebenen Käses bestreuen. Unzugedeckt, im Ofen, bei mässiger Hitze etwa 30 Minuten oder bis die Speise gut gratiniert ist, backen. Proportionen für 4 Personen.

Mit Fleisch gefüllte Courgetten: Nach obenstehendem Rezept vorgehen, jedoch die Tasse Brotkrumen weglassen und $\frac{1}{2}$ Pfund Hackfleisch, das mit den Zwiebeln angebraten wurde, beifügen.

GEMÜSE-RAGOUT MIT OLIVENÖL
(Lachanika diafora me ladi)

1 Pfund grüne Bohnen
1 Pfund Auberginen
1 Pfund Courgetten
2 grosse grüne Peperoni
1 Pfund Kartoffeln
1$\frac{1}{2}$ Pfund Tomaten
2 mittelgrosse Zwiebeln gehackt
2 Suppenlöffel Salz
$\frac{1}{2}$ Teelöffel Pfeffer
1 Teelöffel Zucker
1 $\frac{1}{4}$ Tassen Olivenöl
Petersilie gehackt

Die Fäden der Bohnen entfernen, diese waschen und in 2,5 cm grosse Stücke schneiden. Die Auberginen waschen und in kleine Stücke schneiden. Die Courgetten abschaben, die Enden entfernen und waschen. Der Länge nach teilen und dann in Stücke von 2,5 cm Grösse schneiden. Die Peperoni entkernen, waschen und zu Julienne zerschneiden. Die Kartoffeln schälen, waschen und gleich wie das übrige Gemüse zerschneiden. Die Tomaten schälen und in Scheiben aufteilen, ebenso die Zwiebeln. Alles Gemüse abwechslungsweise in Schichten in eine grosse Pfanne legen und 1 Tasse warmes Wasser, das Olivenöl, das Salz, den Pfeffer und den Zucker beifügen. Zudecken und bei mässiger Hitze 1½ Stunden kochen. Oder, im Ofen, unzugedeckt, bei schwacher Temperatur, 2 Stunden, oder bis die Flüssigkeit verdampft ist, kochen. Proportionen für 6-8 Personen.

MANDEL-BIRNEN
(Amygdalota)

1 Pfund geschälte Mandeln
1 Tasse Zucker
5 Suppenlöffel feinen Gries (Weizen-Crème)
1 Pfund Staubzucker
$1\frac{1}{2}$ Tassen Orangenblütenwasser
Butter, Gewürznelken

Die Mandeln mit 2 Suppenlöffeln Zucker vermischen und fein mahlen, oder bereits gemahlene Mandeln verwenden, wie sie im Handel erhältlich sind. Den Rest des Zuckers, den Gries und 6 Suppenlöffel Orangenblütenwasser beifügen. Zu einem weichen Teig verarbeiten. Sollte dieser zu dick sein, noch 1-2 Suppenlöffel Orangenblütenwasser beigeben. Den Teig in nussgrosse Stücke aufteilen und daraus eine Art «Birnen» formen. Die Gewürznelke bildet den Stiel. Auf ein bebuttertes und mit Mehl bestäubtes Backblech legen und im Ofen, bei schwacher Hitze, 20 Minuten backen. Nach dem Erkalten, die Birnen rasch in Orangenblütenwasser tauchen und mit Staubzucker glacieren. Das Glacieren mehrmals wiederholen.

BAKLAVA

1 Pfund Blätter-Teig (phyllo)
1 Pfund Nüsse oder Mandeln fein zerschnitten
$\frac{1}{2}$ Tasse Paniermehl
$\frac{1}{4}$ Tasse Zucker
$1\frac{1}{2}$ Tassen geschmolzene Butter
1 Teelöffel Zimt
$\frac{1}{2}$ Teelöffel Gewürznelken
Für den Sirup:
4 Tassen Zucker
2 Tassen Wasser
Saft von 1 Zitrone

Auf ein Backblech von 22×32 cm Grösse ein Teigblatt legen und

Baklava

dieses reichlich mit Butter bestreichen. Ein zweites Blatt darauf geben, gut buttern und auf gleiche Weise fortfahren, bis 6 Teigblätter übereinander liegen.

Die Nüsse (oder die Mandeln) mit dem Paniermehl, den Gewürzen und dem Zucker vermischen. Das oberste Teigblatt reichlich damit bestreuen und 2 bebutterte Teigblätter darauf legen. Dieses Vorgehen wiederholen, bis die Mischung aufgebraucht ist. Die oberste Schicht soll aus 6 Teigblättern bestehen.

Die Oberfläche mit Butter bestreichen, die Ränder mit einem Messer egalisieren und auf der ganzen Länge kleine Rechtecke einschneiden. Mit etwas Wasser begiessen.

Im Ofen, bei schwachem Feuer, etwa 1 Stunde, oder bis der Teig goldgelb ist, backen.

Zubereitung des Sirups: Den Zucker, das Wasser und den Zitronensaft 10 Minuten kochen. Diesen Sirup heiss über die «Baklava» giessen. Vor dem Servieren mehrere Stunden ruhen lassen. Proportionen für 30 Stücke.

MANDEL-TORTE
(Glykisma amigdalou)

2½ Tassen gesiebtes Mehl
2 Teelöffel Backpulver
½ Teelöffel «Doppelkohlensaures Natron»
⅔ Tasse Butter
½ Tasse Zucker
3 Eier
¾ Tasse Joghurt oder Buttermilch
1 Tasse gemahlene Mandeln
Für den Sirup:
2 Tassen Zucker
1 Tasse Wasser
Saft von ½ Zitrone

Das Mehl zusammen mit dem Backpulver und dem «Doppelkohlensauren Natron» sieben.
Die Butter mit dem Zucker schlagen, bis die Mischung schäumt, die Eier beifügen und sodann abwechselnd die trockenen, gesiebten Zutaten und den Joghurt, indem jedesmal gut verrührt wird. Zum Schluss die Mandeln beimischen.
Diese Masse in eine gut bebutterte Form von 22 × 32 × 5 cm Grösse giessen und im Ofen, bei schwacher Hitze, etwa 45 Minuten backen. Erkalten lassen.
Den Zucker, das Wasser und den Zitronensaft zusammen 5 Minuten kochen, und diesen Sirup auf die Torte giessen.
Erkalten lassen und nach Belieben mit Schlagrahm servieren. In 18-24 Quadrate aufschneiden.

HALVA IM OFEN GEBACKEN
(Halvas tou fournou)

½ Tasse gesiebtes Mehl
2 Teelöffel Backpulver
¼ Teelöffel Salz
2 Tassen Gries oder Weizen-Crème
1 Tasse Nüsse, fein zerschnitten
½ Tasse Butter
1 Tasse Zucker
3 Eier
¾ Tasse Milch
Zitronenschale, gerieben
3 Tassen Zucker
3 Tassen Wasser
3 ganze Gewürznelken
1 Zimt-Stengel

Das Mehl zusammen mit dem Backpulver und dem Salz sieben und den Gries und die Nüsse beimischen. Die Butter mit dem Zucker zu Schaum schlagen und sorgfältig die geschlagenen Eier darunter rühren. Nach und nach die Milch und die trockenen Zutaten beigeben und jedesmal gut rühren, damit die Mischung glatt wird. Mit etwas Zitronenschale parfümieren und die Masse in eine viereckige, bebutterte Form von 25×25 cm Grösse giessen. Etwa 45 Minuten im Ofen, bei schwacher Hitze, backen. Den Zucker, das Wasser, die Gewürznelken und den Zimt zusammen 5 Minuten kochen und diesen Sirup über den Halva giessen, sobald dieser aus dem Ofen genommen wird. Erkalten lassen und in Quadrate schneiden. Nach Belieben, mit Schlagrahm begleitet, servieren.

MANDEL-PASTETE AUS KOPENHAGEN
(Kopenhaghi)

Diese Süssigkeit ist zu Ehren des Griechenkönigs Georg I (er war ein dänischer Prinz) am Anfang seiner Regentschaft entstanden.

6 Eier (das Eigelb vom Eiweiss trennen)
½ Tasse Zucker
4 Suppenlöffel Orangensaft
½ Teelöffel Zimt-Pulver
1 Teelöffel Backpulver
1½ Tassen gemahlene, ungeschälte Mandeln
¾ Tasse Paniermehl
¼ Teelöffel Salz
¾ Pfund Blätter-Teig (phyllo)
⅔ Tasse ausgelassene, reine Butter oder Mais-Oel

Für den Sirup:
2 Tassen Zucker
1 Tasse Wasser
Saft von ½ Zitrone

Die Eigelb mit dem Zucker solange schlagen, bis die Masse sehr dickflüssig ist. Den Orangensaft, den Zimt, das Backpulver, die Mandeln und das Paniermehl beirühren.
Die Eiweiss zu Schnee schlagen und unter die Masse ziehen, ohne zu vermischen.

Mandel - Pastete aus Kopenhagen

Eine bebutterte Form von 22×32 cm Grösse mit der Hälfte der Teig-Blätter auslegen und jedes Blatt gut mit Butter bestreichen.

Die Masse darauf giessen und mit dem Rest der gut bebutterten Teig-Blätter belegen. Auf den obersten 3 Blättern 4 lange Einschnitte anbringen. Im Ofen, bei schwacher Hitze, etwa 45 Minuten backen. Erkalten lassen.

Den Zucker, das Wasser und den Zitronensaft zusammen 10 Minuten kochen und diesen Sirup heiss über die Pastete giessen. Nach dem Erkalten in Quadrate aufteilen. Proportionen für 24-28 Stücke.

KLEINES WEIHNACHTS-KONFEKT
(Melomacarona)

2 Tassen Olivenöl
¾ Tasse Zucker
¾ Tasse Orangensaft
¼ Tasse Cognac
7½-8 Tassen Mehl, gesiebt
2 Teelöffel Backpulver
1 Teelöffel «Doppelkohlensaures Natron»

Für den Sirup:
2 Tassen Honig
2 Tassen Zucker
2 Tassen Wasser

Die 4 erstgenannten Zutaten zusammen schlagen. Das Backpulver, das Mehl und das «Doppelkohlensaure Natron» zusammen sieben. Zweimal sieben. Diese Mischung zu der vorangehenden Masse rühren und sorgfältig leicht verarbeiten.
Von diesem Teig eiergrosse Stücke abteilen und aus diesen längliche Klösschen formen. Auf ein ungefettetes Backblech legen und im Ofen, bei schwacher Hitze, 30 Minuten backen. Den Honig mit dem Zucker und dem Wasser zusammen 5 Minuten kochen und diesen Sirup über die «melomacarona» giessen. Diese 15 Minuten darin liegen lassen, herausnehmen und das Konfekt auf einer grossen Platte anrichten. Nach Belieben mit zerschnittenen Nüssen oder Zimt bestreuen. Proportionen für 40 Stück Konfekt.

PASTETCHEN AUS WEISSEM KÄSE
(Kaltsounia sto tighani)

- 4 Tassen Mehl
- 4 Suppenlöffel Olivenöl
- 1 Teelöffel Salz
- $\frac{3}{4}$ Tasse Wasser
- 1 Pfund mizithra oder manouri-Käse (cottage cheese, oder wenn nicht erhältlich, Zieger)
- 1 Ei, leicht geschlagen
- $\frac{1}{2}$ Teelöffel Zimt-Pulver
- 1 Teelöffel Zitronenschale, gerieben
- 2 Suppenlöffel Zucker
- Olivenöl zum Backen
- Zucker, Zimt

Mit dem Mehl, dem Olivenöl, dem Salz und dem Wasser einen festen Teig zubereiten. Zugedeckt, 1 Stunde ruhen lassen. Den Käse mit dem Ei und dem Zimt vermischen, den Zucker beifügen.
Den Teig auf einem mit Mehl bestäubten Brett auf 3 mm Dicke auswallen und runde Scheiben von 7,5 cm Durchmesser ausschneiden. In die Mitte jeder Scheibe einen Suppenlöffel der Füllmasse legen, die Ränder befeuchten, einfalten und verschliessen. Die Pastetchen in viel Oel, schwimmend, goldgelb backen. Mit Zucker und Zimt bestreuen. Heiss servieren.

GEBACKENE RINGE AUS ZYPERN
(Glytzista)

3 Tassen Mehl
6 Suppenlöffel Arachid-oder Mais-Oel
½ Tasse Wasser
1½ Teelöffel Salz
Arachid-oder Mais-Oel (Erdnussöl)
Sirup, Mandeln, Zimt-Pulver, Gewürznelken-Pulver

Mit dem Mehl, dem Oel, dem Wasser und dem Salz einen festen Teig zubereiten. Sehr dünn auswallen und lange Streifen von 2,5 cm Breite ausschneiden. Die Enden der Streifen gegeneinander drücken, mit Abständen von 2,5 cm, und daraus Ringe formen. In viel heissem Oel, schwimmend, goldgelb backen. Die Ringe in den Sirup tauchen, abtropfen lassen und mit geschälten, gemahlenen Mandeln, Zimt und Gewürznelken bestreuen.

Sirup: 2 Tassen Zucker, 1 Tasse Wasser und 1 Löffel Zitronensaft zusammen 3 Minuten kochen.
Nach Belieben kann dem Sirup ½ Tasse Honig beigefügt werden.

KRAPFEN
(Tighanites)

1½ Tassen Mehl
2 Teelöffel Backpulver
3 Suppenlöffel Zucker
1 Ei, geschlagen
½ Tasse Milch
Olivenöl zum Backen
Honig, Zimt

Das Mehl, das Backpulver und den Zucker zusammen sieben. Das Ei mit der Milch schlagen und das Mehl dazu rühren. In einer grossen Bratpfanne 2 Tassen Oel erhitzen und den Teig mit je einem grossen Löffel in das Oel giessen. Bei schwachem Feuer, auf beiden Seiten, die Krapfen goldgelb backen. Auf einem Fliesspapier abtropfen lassen und sofort mit Honig und Zimt servieren.

Griechische Krapfen

Krapfen mit getrocknetem Obst: Dem Mehl 3 Suppenlöffel getrocknete Smyrna-Trauben und 3 Suppenlöffel gehackte Nüsse beifügen.

PUDDING MIT TRAUBENSAFT
(Moustalevria)

7 Tassen frischen Traubensaft	Mandeln, geschält und gehackt
1 Tasse Mehl	oder gehackte Nüsse
	Sesam-Kerne, Zimt

Vorerst den Traubensaft klären, indem er mit ½ Tasse Holzkohlenasche, die in ein kleines Nesseltuch-Säckchen gebunden wird, 10 Minuten gekocht wird. Eine Nacht ruhen lassen. Am nächsten Tag durch einen Filter giessen und 10 Minuten kochen. Abkühlen. Das Mehl in 2 Tassen kaltem Traubensaft auflösen. Den Rest des Traubensafts zum Sieden bringen und das aufgelöste Mehl unter ständigem Rühren beifügen. Auf schwachem Feuer kochen, bis die Mischung eingedickt ist. Diese ist bereit, wenn sich perlenförmige Tropfen bilden. Die «moustalevria» auf grossen oder kleinen Tellern anrichten und wenn die Masse fest ist, mit Sesam-Kernen und Zimt bestreuen. In Quadrate schneiden.

GRIECHISCHE KRAPFEN
(Svighi)

- $\frac{1}{4}$ Tasse Butter
- 1 Tasse Wasser
- $\frac{1}{2}$ Teelöffel Salz
- 2 Suppenlöffel Zucker
- $\frac{1}{2}$ Teelöffel Orangenschale gerieben
- 1 Tasse Mehl gesiebt
- Olivenöl zum Backen
- 3 Eier
- 2 Tassen Zucker
- 1 Tasse Wasser
- 1 Suppenlöffel Zitronensaft
- Zimt

Die Butter in einer kleinen Pfanne zusammen mit dem Wasser, dem Zucker und der Orangenschale zum Sieden bringen. Alles Mehl auf einmal dazugeben, die Masse glattrühren und solange kochen, bis sie sich von der Pfanne löst und sich fest zusammenballt. Vom Feuer nehmen und lauwarm werden lassen. Ein Ei nach dem anderen unter jedesmaligem Rühren beifügen, damit die Masse gut homogen wird.

Diesen Teig löffelweise in sehr heisses Olivenöl giessen. Nur wenige Krapfen zusammen backen, damit diese gut schwimmen und an die Oberfläche gelangen können. Oft wenden, bis die Krapfen goldgelb sind. Aus dem Oel nehmen und einen Moment über dem Oel schütteln und auf ein Fliesspapier legen.

Zubereitung des Sirups: 2 Tassen Zucker, 1 Tasse Wasser und 1 Suppenlöffel Zitronensaft zusammen 10 Minuten kochen. Den Sirup über die Krapfen giessen und diese, mit Zimt bestreut, heiss servieren.

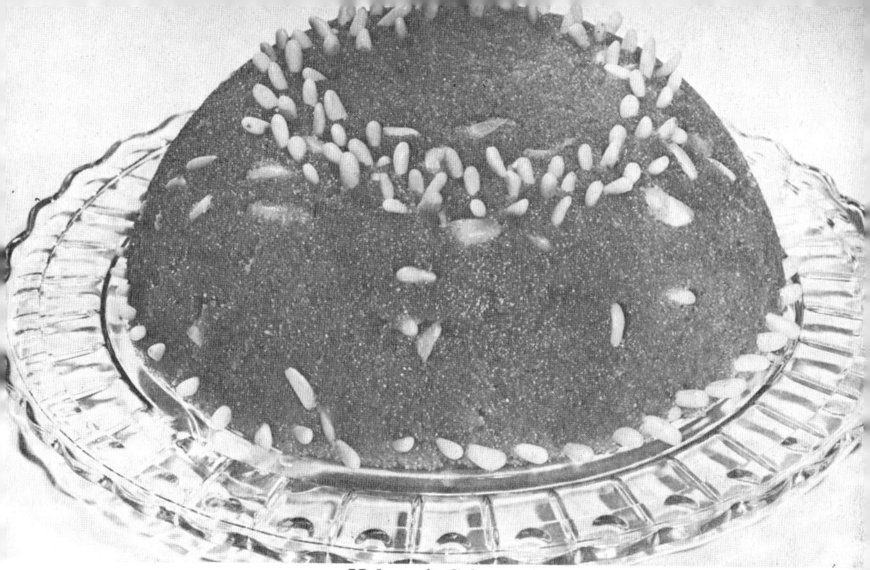

Halva mit Gries

HONIG - KUGELN
(Loukoumades)

1 Paket trockene Bierhefe oder	4 Tassen Mehl
28 gr. frische Hefe	1 Teelöffel Salz
2 Tassen warmes Wasser	Olivenöl zum Backen
1 Teelöffel Zucker	Honig, Zimt

Die Bierhefe in einer Tasse warmem Wasser auflösen. 1 Teelöffel Zucker und 1½ Tassen Mehl beifügen und die Masse verarbeiten, bis sie glatt ist. Zudecken und in der Wärme ruhen lassen. Nachdem sich das Volumen verdoppelt hat, den Rest des Wassers, das Salz und das notwendige Mehl beigeben, um einen dicken Teig zu erhalten. Den Teig nochmals zugedeckt aufgehen lassen, bis sich Blasen bilden, was etwa 1½ Stunden benötigt.

Kleine Löffel dieses Teiges in viel, vorher erhitztes Oel, geben (etwa 10 auf einmal) und schwimmend backen, bis die Krapfen aufgegangen und goldgelb sind. Mit einer Sieb-Kelle die Kugeln aus dem Oel nehmen und mit Honig übergiessen. Mit Zimt bestreut, servieren.

HALVA MIT GRIES
(Halvas simigdalenios)

- ⅔ Tasse Butter
- 1 Tasse groben Gries
- 2 gehäufte Suppenlöffel Pinien-Kerne (wahlweise)
- 2 gehäufte Suppenlöffel Mandeln geschält und in dünne Stifte geschnitten
- 1½-2 Tassen Zucker
- 2 Zimt-Stengel
- 2-3 ganze Gewürznelken
- 2 Tassen kochendes Wasser
- Zimt -Pulver

In einer schweren Pfanne die Butter erwärmen, den Gries beigeben und auf schwachem Feuer fortwährend rühren. Wenn der Gries anfängt, gelb zu werden, die Pinien-Kerne und die Mandeln beimischen und rühren, bis sich die Masse bräunt. Sodann den Zucker, den Zimt, und die Gewürznelken beifügen, das Wasser dazu giessen und unter Umrühren einige Minuten kochen, bis der Gries das Wasser aufgesogen hat. Vom Feuer nehmen und mit einem Tuch bedeckt, etwa 15 Minuten ruhen lassen. In einer Schale eine feste Masse formen und diese auf eine Platte stürzen. Mit Pinien-Kernen oder Mandeln garnieren und mit Zimt bestreuen.

NOUGAT VON ANDROS
(Pasteli)

- 4 Tassen Nuss-Kerne, grob gehackt
- ½ Tasse Paniermehl
- 1⅓ Tassen Honig
- 1 Tasse Zucker
- Orangenblütenwasser
- Sesam-Kerne
- Orangenblüten

Die Nüsse mit dem Paniermehl vermischen.

Den Zucker mit dem Honig in eine kleine Pfanne mit dickem Boden geben und mit einer Temperatur von mehr als 100° kochen, bis eine dicke, feste Masse entsteht. Vom Feuer nehmen und mit den Nüssen mit Paniermehl vermengen. Eine Marmorplatte (oder wenn nicht vorhanden, ein Plateau) mit Orangenblütenwasser benetzen, die Sesam-Kerne darüber streuen und darauf die Masse, mit einer Spachtel, 1 cm dick ausbreiten. Die Hände in Orangenblütenwasser tauchen und die Masse flachdrücken. Mit Sesam-Kerne überstreuen und 2 Stunden ruhen lassen. Kleine Rechtecke ausschneiden und auf jedes Stück 1 Orangenblüte als Garnitur legen. Zugedeckt, im Kühlschrank aufbewahren.

KATAIFI MIT CRÈME
(Kataifi me Krema)

½ Tasse geschmolzene Butter
1 Pfund Kataifi-Teig
2 Tassen Zucker
1½ Tassen Wasser
Saft von ½ Zitrone
Crème zum Füllen:
½ Tasse Mehl
½ Tasse Zucker
3 Tassen Milch
4 Eigelb
1 Teelöffel Vanille
¾ Liter Schlagrahm
Kandierte Kirschen

Eine Form von 22×32 cm Grösse mit Butter bestreichen und mit dem Teig belegen. Den Rest der Butter darüber giessen und im Ofen, bei mittlerer Hitze, 30 Minuten backen. Erkalten lassen. Den Zucker, das Wasser und den Zitronensaft zusammen 5 Minuten kochen und diesen Sirup in den «kataifi» giessen.

Crème: Ein Gefäss auf eine Pfanne mit kochendem Wasser stellen und darin das Mehl und den Zucker vermengen. Unter ständigem Rühren die Milch dazu giessen, bis die Masse dick und homogen ist. Einwenig von dieser Mischung zu den geschlagenen Eigelb rühren, und diese dann nach und nach zum Rest der Masse giessen. Auf dem Wasserbad, 2-3 Minuten kochen, ohne mit dem Rühren aufzuhören. Erkalten lassen, Vanille beifügen und in den «kataifi» geben. 2-3 Stunden kühlstellen, mit Schlagrahm bedecken und mit kandierten Kirschen garnieren. Proportionen für 22 Stücke.

«CAPRICES» AUS ZYPERN
(Daktila Kyrion)

$\frac{1}{4}$ Tasse Butter
$2\frac{1}{2}$ Tassen Mehl
1 Teelöffel Salz
2 Suppenlöffel Zitronensaft
6 Suppenlöffel Wasser
1 Tasse Mandeln, gahackt
2 Suppenlöffel Zucker
$\frac{1}{2}$ Teelöffel Zimt
Arachidöl (Erdnussöl) oder Maisöl
Sirup, Mandeln

Von Hand die Butter mit dem Mehl vermischen, das Salz, den Zitronensaft und das Wasser beifügen und zu einem festen Teig verarbeiten. Auf 3 mm Dicke auswallen und Stücke von 5-6 cm aussschneiden.

Die Mandeln, den Zucker und den Zimt vermengen. Die Teig-Stücke mit Wasser benetzen und auf jedes Stück einen Teelöffel der gezuckerten und gewürzten Mandeln legen. Damit kleine Röllchen formen und die Enden verschliessen. Je eine kleine Anzahl davon in viel Oel schwimmend backen, bis die Caprices goldgelb sind. Abkühlen lassen und in den kalten Sirup tauchen. Abtropfen und mit geschälten Mandeln bestreuen.

Sirup: 2 Tassen Zucker, $\frac{2}{3}$ Tasse Wasser und $\frac{1}{2}$ Tasse Honig zusammen 5 Minuten kochen.

Marzipan (aus Mytylen)

MARZIPAN (aus Mytylen)
(Sacharopoulia)

$1\frac{1}{2}$ Tassen Zucker
$\frac{3}{4}$ Tasse Wasser
3 Tassen Mandeln, geschält und gemahlen
$\frac{1}{2}$ Teelöffel Mastix, gemahlen
Staubzucker

Den Zucker mit dem Wasser 10 Minuten kochen.
Die Mandeln beifügen und bei schwachem Feuer, unter ständigem Rühren, kochen, bis die Masse eingedickt ist. Vom Feuer nehmen, den Mastix beifügen und rühren, bis die Mischung erkaltet ist. Die Hände mit Staubzucker bedecken und aus der Masse Formen, wie Vögel, Früchte oder Blumen, modellieren. Mit Staubzucker bestreuen.

MILCH - TORTE
(Ghalatoboureko)

6-8 Eier
1 Tasse Zucker
$1\frac{1}{2}$ Tassen feinen Gries,
Weizencrème oder Reiscrème
7 Tassen Milch
Zitronenschale, gerieben
2 Suppenlöffel Butter

$1\frac{1}{2}$ Pfund Kuchenteig (phyllo)
$\frac{3}{4}$ Tasse geschmolzene Butter
Sirup:
2 Tassen Zucker
1 Tasse Wasser
11 Suppenlöffel Zitronensaft

Die Eier mit dem Zucker schlagen, bis die Mischung dick ist und den Gries, die Milch und die geriebene Zitronenschale darunter mischen. Unter ständigem Rühren, bei schwachem Feuer, bis zum Eindicken der Masse kochen. Vom Feuer nehmen und 3 Suppenlöffel Butter beigeben.

Eine mit Butter ausgestrichene Form von 22×25×5 cm Grösse mit $\frac{2}{3}$ der Teig-Blätter, wovon jedes bebuttert wurde, auslegen. Der Teig muss über die Form hinausragen. Die Mischung der Milch in die Form giessen und die Ränder darüber zusammenfalten. Mit dem Rest der bebutterten Teig-Blätter bedecken. Den Rest der Butter darüber giessen. Auf den 3 obersten Blättern 7,5 cm grosse Quadrate einschneiden und die Oberfläche mit Wasser befeuchten. Im Ofen, bei mittlerer Hitze, 45 Minuten backen. Erkalten lassen.

Den Zucker, das Wasser und den Zitronensaft zusammen 5 Minuten kochen lassen und diesen Sirup, wenn er lauwarm geworden ist, über die «ghalatoboureko» giessen. Vor dem Servieren kühl stellen.

NUSS-KÜCHLEIN (aus Zypern)
(Lokoumia)

- 1 Tasse geklärte Butter oder Arachidöl (Erdnussöl)
- 2½ Tassen feinen Gries
- ¾ Tasse warmes Wasser
- 2 Suppenlöffel Orangenblütenwasser
- ½ Teelöffel Salz
- 1½ Tassen Mandeln oder Pistazien, grob gehackt
- ½ Tasse Zucker
- 1 Teelöffel Zimt-Pulver
- Orangenblütenwasser
- Staubzucker

Die Butter zum Sieden bringen und unter Umrühren den Gries beigeben und zudecken. Eine Nacht ruhen lassen. Am anderen Tag das Wasser, das Orangenblütenwasser und das Salz beifügen. Zu einem festen Teig verarbeiten. 1 Stunde ruhen lassen. Die Mandeln oder die Pistazien mit dem Zucker und dem Zimt vermischen. Aus dem Teig eiergrosse Kugeln formen, in der Mitte aushöhlen und mit den Mandeln füllen (1 gehäufter Teelöffel pro Kugel). Den Teig über die Mischung falten und die Kugeln flachdrücken. Den Küchlein eine ovale Form geben und diese im Ofen, bei schwacher Hitze, 30 Minuten backen. Erkalten lassen, in Orangenblütenwasser tauchen und in Staubzucker wenden.

NUSS-KATAIFI-ROLLEN
(Kataifi)

Wie dies beim Phyllo-Teig der Fall ist, kann der Kataifi-Teig nicht zu Hause zubereitet werden. Dieser kann nach Gewicht in Spezial-Geschäften bezogen werden.

- ½ Pfund Mandeln oder Nüsse gehackt
- ½ Tasse Paniermehl
- ½ Tasse Zucker
- ½ Tasse Orangensaft
- 1 Pfund Kataifi-Teig
- 1¼ Tassen geschmolzene Butter

Sirup:
- 3 Tassen Zucker
- 2 Tassen Wasser
- ½ Tasse Honig
- 2 Suppenlöffel Zitronensaft

******

Zimt

Nuss - Kataifi - Rollen

Die Nüsse, das Paniermehl, den Zucker und den Orangensaft mischen. Der Kataifi-Teig besteht aus Streifen. Diese in 16-18 Stücke schneiden. Auf jedes Ende dieser Stücke einen gehäuften Suppenlöffel der Nuss-Mischung legen und diese aufrollen, ohne zu drücken. Diese Rollen, nicht zu eng aneinander, auf ein bebuttertes Backblech legen. Mit Butter begiessen und im Ofen, bei schwacher Hitze, 45 Minuten backen. 20 Minuten ruhen lassen und den kochenden Sirup darüber giessen. Mit einem Tuch bedecken und 5-6 Stunden ruhen lassen, bis die Rollen den Sirup aufgesogen haben. Mit Zimt bestreuen.
Sirup: Den Zucker mit dem Wasser und dem Zitronensaft 5 Minuten kochen lassen.

KATAIFI MIT NÜSSEN (aus Ianina)
(Kataifi Yianiotiko)

½ Pfund Blätter-Teig (phyllo)
1½ Tassen geschmolzene Butter
1 Pfund Kataifi-Teig
1 Pfund Mandeln oder Nüsse grob gehackt
1 Teelöffel Zimt-Pulver

Sirup:
4 Tassen Zucker
½ Tasse Honig
3 Tassen Wasser
1 Suppenlöffel Zitronensaft

Eine bebutterte Form von 22 × 32 cm Grösse mit der Hälfte der Teig-Blätter auslegen, jedes Blatt mit Butter bestrichen. Die Hälfte des Kataifi-Teiges dazu geben, mit Butter begiessen, mit den Nüssen bedecken und mit Zimt bestreuen. Den Rest des Kataifi-Teiges beifügen, mit Butter begiessen und mit den restlichen, bebutterten Teig-Blättern bedecken. Den Rest der Butter darüber giessen. Auf die obersten 3 Blätter Einschnitte, in Abständen von 5 cm, und auf der ganzen Länge der Form, anbringen. Mit 2-3 Suppenlöffeln Wasser befeuchten und im Ofen, bei mittlerer Hitze, 1 Stunde backen. Erkalten lassen und mit dem Sirup begiessen.

Sirup: Den Zucker, den Honig, das Wasser und den Zitronensaft 5 Minuten kochen lassen.

Wenn das Kataifi den Sirup aufgesogen hat, in Quadrate schneiden und servieren.

DREIECKE AUS NÜSSEN
(Trighona)

1 Tasse Nuss-Kerne, gemahlen
¾ Tasse Paniermehl
1 Teelöffel Zimt-Pulver
½ Tasse Zucker
¾ Tasse Wasser
1 Eigelb

½ Pfund Blätter-Teig (phyllo)
1 Tasse geschmolzene Butter
Sirup:
1½ Tassen Zucker
½ Tasse Honig
1 Tasse Wasser

Die Nüsse mit dem Paniermehl und dem Zimt mischen. Den Zucker im Wasser 5 Minuten kochen. Vom Feuer nehmen und die Mischung Nüsse-Paniermehl-Zimt, sowie das Eigelb, beifügen und gut rühren.

Die Teig-Blätter in 6-7 Streifen schneiden und übereinander legen, damit sie nicht austrocknen. Jedes Blatt mit Butter bestreichen und auf das Ende der Streifen je 1 Teelöffel Nuss-Masse legen. So zusammenfalten, dass sich ein Dreieck bildet. Das Vorgehen wiederholen, bis die Zutaten aufgebraucht sind.

Dreiecke aus Nüssen

Die Dreiecke in Abständen von 1 cm auf ein bebuttertes Backblech legen und mit dem Rest der Butter bestreichen. Im Ofen, bei schwacher Hitze, 25 Minuten oder bis sie goldgelb sind, backen. Erkalten lassen.
Den Sirup zubereiten: Den Zucker, den Honig und das Wasser zusammen 5 Minuten kochen und den Sirup heiss über die «trighona» giessen. Erkalten lassen und wenn der Sirup absorbiert ist, servieren. Proportionen für 42 Stücke.

REIS - PUDDING
(Risoghalo)

4 Suppenlöffel Reis, roh
1 Tasse Wasser
1 Liter Milch
1½ Suppenlöffel Maizena
½ Tasse Zucker
½ Teelöffel Vanille, oder
Zitronenschale, gerieben
Zimt

Das Wasser zum Sieden bringen, den Reis beigeben, einmal umrühren und 15 Minuten leicht kochen. Die Milch dazu giessen und noch 30 Minuten kochen lassen. Von Zeit zu Zeit umrühren. 4 Suppenlöffel Wasser beigeben, mit dem darin aufgelösten Maizena, sowie den Zucker. 15 Minuten leicht kochen lassen. Vom Feuer nehmen und die Vanille oder die Zitronenschale beimischen. In vier kleine Schalen (eine pro Person) geben und mit Zimt bestreuen.

Mit Eiern : Wenn der Pudding bereit ist, vom Feuer nehmen und langsam 2 Eigelb, gemischt mit 4 Suppenlöffeln Milch, darunter ziehen. Auf das Feuer zurückgeben und 2 Minuten, unter ständigem Rühren, kochen lassen.

GRIES-KUCHEN
(Ravani)

2 Tassen Mehl
$3\frac{1}{2}$ Teelöffel Backpulver
$\frac{1}{4}$ Teelöffel Salz
6 Eier (das Eigelb vom Eiweiss trennen)
$1\frac{1}{2}$ Tassen Butter
geriebene Schale von 1 Orange
1 Tasse Orangensaft
1 Tasse feinen Gries, oder Weizen-Crème
$\frac{1}{3}$ Tasse Mandeln, geschält und in Stifte geschnitten

Sirup :
3 Tassen Zucker
2 Tassen Wasser
2 Suppenlöffel Cognac

Das Mehl, das Backpulver und das Salz zusammen sieben. Die Eiweiss zu Schnee schlagen, nach und nach $\frac{1}{2}$ Tasse Zucker beigeben und schlagen, bis die Eiweiss steif sind. Auf die Seite stellen. Die Eigelb mit dem Rest des Zuckers und der Butter schaumig schlagen und die Orangenschale beifügen. Nacheinander die trockenen Zutaten mit dem Orangenensaft und dem Gries verrühren. Bei Benützung des Mixers, die Geschwindigkeit herabsetzen. Sorgfältig die Eiweiss darunter ziehen. Die Masse in eine bebutterte Form von 22×32×5 cm Grösse geben und mit Mandeln bestreuen. Im Ofen, bei schwacher Hitze, 40 Minuten backen. Erkalten lassen.

Den Zucker mit dem Wasser 3 Minuten kochen und den Cognac beifügen. Diesen Sirup über den Kuchen giessen. Erkalten lassen und in Quadrate aufschneiden.

GEBACKENE KNOTEN
(Diples)

4 Eigelb
4 Suppenlöffel Zucker
2 Suppenlöffel geschmolzene Butter
Geriebene Schale von 1 kleinen Orange
4 Suppenlöffel Cognac
2½ Tassen Mehl
1 Messerspitze Salz
Vegetarisches Oel zum Backen
Honig, gehackte Nüsse
Zimt

Die Eigelb schaumig schlagen und den Zucker, die Butter, die Orangenschale und den Cognac unter Schlagen beimischen. 2 Tassen Mehl mit dem Salz sieben und unter Umrühren zu den Eiern geben. Zu einem festen Teig verarbeiten, bis der Teig glatt ist. Den Teig auf dem Teigbrett sehr dünn auswallen und mit einem Rädchen lange Streifen von 2,5 cm Breite ausschneiden und damit Knoten formen. In viel kochendem Oel, schwimmend, goldgelb backen. Nicht zu viel davon auf einmal in das Oel geben. Auf Papier trocknen lassen und auf einer Platte anrichten. Mit heissem Honig übergiessen und mit gehackten Nüssen und Zimt bestreuen.

Man kann diesen Teig auch in Quadrate schneiden und gleich vorgehen.

NUSS- ODER MANDEL-ROLLEN
(Floyeres)

1 Pfund Mandeln oder Nüsse gemahlen
½ Tasse Paniermehl
1 Ei, geschlagen
2 Suppenlöffel Zucker
Zimt, Zitronenschale, gerieben

1 Pfund Blätter-Teig (phyllo)
½ Tasse geschmolzene Butter
Sirup:
1½ Tassen Zucker
1 Tasse Wasser
Saft von ½ Zitrone
½ Tasse Honig

Die Nüsse oder die Mandeln mit dem Paniermehl, dem mit dem Zucker geschlagenen Ei, 1 Teelöffel Zitronenschale und ½ Teelöffel Zimt vermischen.

Die Teigblätter in Streifen von 35 × 10 cm schneiden, aufeinander legen und zudecken, damit sie nicht austrocknen. Jedes Blatt mit Butter bestreichen, der Länge nach zusammenfalten und wieder mit Butter bepinseln. Auf das Ende der Streifen einen gehäuften Löffel der Mischung legen und aufrollen. Die Rollen auf ein gefettetes Backblech legen und mit dem Rest der Butter begiessen. Im Ofen, bei schwachem Feuer, 25 Minuten backen. Erkalten lassen.

Sirup: Den Zucker, das Wasser, den Zitronensaft und den Honig zusammen 5 Minuten kochen. Abschäumen und über die Rollen giessen. Vor dem Servieren einige Stunden ruhen lassen.

GEBRATENE BROTSCHNITTEN AUS SMYRNA
(Fetes)

3 Eier
1 Tasse Milch
¼ Teelöffel Salz
etwa 8 Scheiben altgebackenes Brot
Butter zum Braten

1½ Tassen Zucker
1½ Tassen Wasser
1 Suppenlöffel Zitronensaft
1 Stück Zitronenschale
Zimt

Die Eier leicht schlagen und die Milch und das Salz beigeben und gut vermischen.
Die Brotscheiben entzwei schneiden, auf eine Platte legen, die Eier darüber giessen und die Flüssigkeit aufsaugen lassen. In einer grossen Bratpfanne die Butter erhitzen und darin, bei mittlerer Hitze, die Schnitten auf beiden Seiten goldgelb braten. Auf einer Platte anrichten.
Den Zucker, das Wasser, den Zitronensaft mit einem Stück Zitronenschale zusammen 5 Minuten kochen. Die Schnitten mit diesem Sirup bedecken und mit Zimt bestreuen.

Oster - Biscuits (aus Ianina)

---

14 PATISSERIE

OSTER - BISQUITS (aus Ianina)
(Koulouria Yianiotika)

1 Tasse Butter
1½ Tassen Zucker
3 Eier
21 gr. Ammoniak-Carbonat
2 Pfund Mehl
Orangenblütenwasser
Staubzucker

Langsam den Zucker in die weiche Butter geben und zu Schaum schlagen. Die Eier mit dem Ammoniak-Carbonat schlagen und zu der Butter rühren. Sodann das Mehl beifügen und zu einem glatten Teig verarbeiten. Mit den Händen aus dem Teig Rollen von 25 cm Länge und 1 cm Dicke formen, die Enden flachdrücken und Ringe formen und alle 2,5 cm einschneiden.
Die Bisquits auf ein bebuttertes Backblech legen und im Ofen,

Oster - Biscuits (aus Kreta)

bei mittlerer Hitze, etwa 18 Minuten backen. Mit Orangenblütenwasser befeuchten und in Staubzucker wenden. Proportionen für 36 Bisquits.

OSTER - BISQUITS (aus Kreta)
(Koulourakia tis lambris)

- 4 Eier (das Eigelb vom Eiweiss trennen)
- ½ Teelöffel Salz
- 1 Tasse Butter
- 1¼ Tassen Zucker
- 1 Tasse warme Milch
- 2 Suppenlöffel Ammoniak-Carbonat
- 2 Suppenlöffel Orangenblütenwasser
- 1 Teelöffel Vanille
- etwa 6 Tassen Mehl
- 1 Ei

Die Eiweiss mit dem Salz leicht zu Schnee schlagen.
Die Butter mit dem Zucker und den Eigelb schaumig schlagen.
Die Eiweiss sorgfältig darunter ziehen. Das Ammoniak-Carbo-

Butter Biscuits

nat mit der Milch und dem Orangenblütenwasser auflösen und abwechselnd mit dem Mehl zu der Masse rühren. Zu einem weichen Teig verarbeiten. Daraus sehr kleine Fantasie-Formen erstellen (siehe Photo). Mit Ei bestreichen und im Ofen, bei schwacher Hitze, etwa 12 Minuten backen.
Das Volumen dieser Bisquits wird durch das Backen verdoppelt. Der Teig soll deshalb nicht dicker als ein Bleistift sein.

BUTTER - BISQUITS
(Koulourakia voutirou)

¾ Tasse Butter
¾ Tasse Zucker
1 Ei, 2 Eigelb
3½ Tassen Mehl (ungefähr)
2 Teelöffel Backpulver
1 geschlagenes Ei

Mit der Butter und dem Zucker eine weiche Masse erstellen. Das Ei und die zwei Eigelb beigeben und zu Schaum schlagen.

Das Mehl mit dem Backpulver sieben und beimischen und zu einem weichen Teig verarbeiten. 1 Stunde kühlstellen. Aus dem Teig kleine Ringe formen, auf ein gefettetes Backblech legen, mit Ei bestreichen und im Ofen, bei schwacher Hitze, 10-12 Minuten backen. Proportionen für etwa 40 Bisquits.

NEUJAHRS - KUCHEN
(Vasilopitta efkoli)

4 Tassen gesiebtes Mehl
6 Teelöffel Backpulver
1 Teelöffel Salz
1 Tasse Butter
2 Tassen Zucker
4 Eier
$1\frac{1}{2}$ Tassen Milch
Zitronenschale, gerieben
Staubzucker

Das Mehl zusammen mit dem Backpulver und Salz sieben. Langsam den Zucker zu der weichen Butter mischen und schaumig schlagen. Ein Ei nach dem anderen, unter jeweiligem Schlagen dazugeben und sodann nach und nach das Mehl und etwas Milch beifügen und zu einer glatten Masse verarbeiten. Mit Zitronenschale parfümieren.
Eine runde Form von 30 cm Durchmesser fetten und mit Pergament-Papier auslegen. Die Masse, der ein Gold-oder Silberstück beigefügt wurde, darauf ausbreiten. Im Ofen, bei mittlerer Hitze, etwa 40 Minuten backen. Erkalten lassen und Staubzucker über den Kuchen sieben. Das Geldstück erhält der glückliche Gewinner.

GLYSTARKES AUS ZYPERN
(Koulouria)

Mousselin:
1 Paket trockene Bierhefe, oder
28 gr. frische Hefe
1 Tasse lauwarmes Wasser
2 Tassen Mehl

Teig:
obenangebene Mousselin
1 Tasse warmes Wasser
$2\frac{1}{2}$ Teelöffel Salz
1 Teelöffel Mastix, gemahlen
1 Teelöffel Zimt
ca. 4 Tassen Mehl
Sesam-Kerne

Griechische Butter - Biscuits - Kleines Weihnachts - Konfekt

Die Hefe in einer Tasse warmem Wasser auflösen und 2 Tassen Mehl beifügen und schlagen, bis die Masse glatt ist. In der Wärme ruhen lassen, bis der Teig Blasen bildet.
Sodann das Wasser, das Salz, den Mastix, den Zimt und so viel Mehl beifügen, um einen festen Teig zu erhalten. Verarbeiten, bis der Teig glatt ist. Zudecken und an einem warmen Ort das Volumen verdoppeln lassen. Ringe von 15 cm Durchmesser formen, und in das Innere der Ringe kleine Kreuze aus dünnen Teigrollen legen. In feuchten Sesam- Kernen wenden und 30 Minuten aufgehen lassen. Im Ofen, bei mittlerer Hitze, etwa 15 Minuten backen.

GRIECHISCHE BUTTER-BISQUITS
(Kourabiedes)

Die «kourabiedes» sind in Griechenland die traditionellen Weihnachts - und Neujahrs - Bisquits.

1 Tasse ungesalzene Butter
1 Tasse Staubzucker
1 Eigelb
1 Suppenlöffel Cognac
3 Tassen Mehl
½ Teelöffel Backpulver
1 Pfund Staubzucker

Oster Biscuits (aus Smyrna, Klein - Asien)

Die Butter mit dem Zucker schaumig schlagen. Das Eigelb und den Cognac dazu rühren und sodann, sehr langsam, das Mehl, das zusammen mit dem Backpulver gesiebt wurde, beifügen. Zu einem glatten Teig verarbeiten. Sollte er nicht genügend dick sein, noch etwas Mehl beigeben. Eiergrosse Kugeln oder Kipfel oder Birnen formen. Im letzteren Fall bilden Gewürznelken den Stiel. Auf ein leicht geffettetes Backblech legen und im Ofen, bei mittlerer Hitze, etwa 20 Minuten backen. Solange sie noch warm sind, die «kourabiedes» in Staubzucker wenden, und da die Bisquits ganz mit Zucker bedeckt sein sollen, noch Staubzucker darüber sieben. Proportionen für 3½ Dutzend.
Kourabiedes mit Mandeln: Dem Teig ½ Tasse geschälte und fein zerschnittene Mandeln beifügen.

OSTER - BISQUITS (aus Smyrna, Klein-Asien)
(Tsourekakia Smyrnis)

2 Tassen Butter
1½ Tassen Zucker
4 Eigelb
½ Tasse Milch
ca. 8 Tassen gesiebtes Mehl
2 Teelöffel Backpulver
Vanille oder geriebene Orangenschale

Den Zucker mit der weichen Butter vermengen. Nacheinander die 4 Eigelb unter sterkem Schlagen beifügen und sodann die Milch und das Mehl mit dem Backpulver dazu mischen. Den Teig von Hand verarbeiten, bis er glatt ist. Mit Vanille oder Orangenschale parfümieren. Wenn nötig, noch Mehl beigeben, da der Teig fest sein muss.

Zu einer Schnur von Bleistift-Dicke und 27 cm Länge rollen und jeden Streifen dreimal schräg falten und die Enden zusammendrücken.

Auf ein ungefettetes Backblech legen, mit Ei bestreichen und im Ofen, bei schwacher Hitze, 18-20 Minuten backen. Zu Kaffee servieren.

Ohne Eier : Die Eigelb weglassen. 1 Tasse Milch statt ½ Tasse und 3 Teelöffel Hefe statt 2 Löffel, verwenden. Wie bei obenerwähntem Rezept vorgehen.

GRIECHISCHER KUCHEN MIT GERONNENER MILCH
(Yiaourtopitta)

- 3½ Tassen Mehl
- 1 Teelöffel Backpulver
- ½ Teelöffel «Doppelkohlensaures Natron»
- 1 Tasse Butter
- 1½ Tassen Zucker
- 6 Eigelb, gut geschlagen
- 1 Tasse «yiaourti» (geronnene Milch)
- 6 Eiweiss, zu steifem Schnee geschlagen

Sirup :
- 2 Tassen Zucker
- 1 Tasse Wasser
- Saft von ½ Zitrone

Das Mehl abmessen und sieben und das Backpulver und das «Doppelkohlensaure Natron» beifügen und noch 3 Mal sieben. Nacheinander den Zucker und die Eigelb zu der weichen Butter rühren. Sodann nacheinander, und nur wenig auf einmal, die trockenen Zutaten und die geronnene Milch dazu mischen. Die Eiweiss zu festem Schnee schlagen und sorgfältig unter die Masse ziehen. In eine gefettete Form von 22×32×5 cm Grösse giessen. Im Ofen, bei mässiger Hitze, etwa 45 Minuten backen. Erkalten lassen.

Den Zucker, das Wasser und den Zitronensaft zusammen 5 Minuten kochen. Diesen Sirup über den Kuchen giessen.

Mit Mandeln: Bevor die zu Schnee geschlagenen Eiweiss beigefügt werden, der Masse 1 Tasse gehackte Mandeln beigeben. Die geronnene Milch wird hier durch Joghurt ersetzt.

FASTEN - KUCHEN
(Pitta nistisimi)

3 Tassen Mehl
2 Teelöffel Backpulver
1 Teelöffel «Doppelkohlensaures Natron»
1 Teelöffel Zimt
½ Tasse Rosinen (Korinthen)
½ Tasse getrocknete Smyrna-Trauben
½ Tasse gehackte Nüsse
⅔ Tasse Olivenöl
1 Tasse Zucker
1 Tasse Orangensaft
Orangenschale, gerieben
Staubzucker

Die drei ersten Zutaten zusammen sieben. Die getrockneten Früchte beifügen. Das Oel zusammen mit dem Zucker, dem Orangensaft und der Orangenschale schlagen. Alle trockenen Zutaten beifügen und gut vermischen. Die Masse in eine geölte Form von 22×32 cm Grösse geben und im Ofen, bei mittlerer Hitze, 45 Minuten backen. Mit Staubzucker bestreuen.

NEUJAHRS-KUCHEN (aus Smyrna)
(Vassilopitta Smyrnis)

1 Tasse Butter
1 Tasse Zucker
2 Eigelb geschlagen
4 Suppenlöffel Milch oder Orangensaft
Orangenschale, gerieben
4 Tassen Mehl
1 Teelöffel Backpulver
½ Teelöffel Salz
1 Ei, geschlagen
ganze Gewürznelken

Den Zucker nach und nach unter die weiche Butter mischen, rühren, bis die Mischung flockig ist. Die Eigelb, die Milch oder den Orangensaft, die Orangenschale und das mit dem Backpulver gesiebte Mehl und das Salz beifügen. Zu einem Teig verarbeiten. Eine runde Form von 25 cm Durchmesser mit Pergament-Papier auslegen und darauf die Masse ausbreiten. Durch Einstechen mit zwei Gabeln garnieren und einen Stempel mit dem Byzanz-Adler darauf drücken und die Gewürznelken als Augen einstecken. Mit Ei bestreichen und im Ofen, bei mässiger Hitze, 40 Minuten backen.
Mit dem gleichen Teig können Bisquits hergestellt werden, indem er auf 1 cm Dicke ausgewallt wird und Fantasie-Figuren ausgestochen werden, oder der Stempel dem Rand nach ausgeschnitten wird. Mit Ei bestreichen und backen.

NEUJAHRS-BROT
(Vassilopitta)

¾ Tasse warme Milch
2 Pakete trockene Bierhefe
5 Tassen Mehl
4 Eier
1 Teelöffel Salz
¾ Tasse Zucker
Zitronenschale, gerieben
½ Tasse geschmolzene Butter
1 Ei
Sesam-Kerne

Die Hefe in der warmen Milch auflösen und 2 Tassen Mehl beifügen, schlagen, bis die Mischung homogen ist. Zudecken und etwa 1 Stunde warmstellen.
Ein Gefäss über eine Pfanne mit sehr heissem Wasser stellen und darin zusammen die Eier, das Salz, den Zucker und die Zitronenschale schlagen und sodann den Rest vom Mehl beimischen. Verarbeiten, bis der Teig glatt ist, indem nach und nach die geschmolzene Butter beigefügt wird. Mit einem Tuch zudecken und an einem warmen Ort das Volumen verdoppeln lassen, was etwa 2 Stunden benötigt. Den Teig erneut verarbeiten und in eine bebutterte runde Form von 30 cm Durchmesser geben. Mit Ei bestreichen und mit Sesam-Kernen oder entzweigeschnittenen Mandeln bestreuen. Im Ofen, bei mässiger Hitze, etwa 45 Minuten backen. Wenn das Brot erkaltet ist, auf der unteren Seite einen Einschnitt anbringen und ein Gold- oder ein Silberstück hineinschieben.
Dieses Brot wird für den Abend vom 31. Dezember zubereitet. Es wird um Mitternacht serviert und die Person, die das Geldstück erhält, wird während des ganzen Jahres Glück haben.

ROSINEN - CAKE
(Stafidopitta)

4 Tassen Mehl
5 Teelöffel Backpulver
1 Teelöffel Zimt-Pulver
½ Teelöffel Gewürznelken, gemahlen
½ Teelöffel Salz

2 Tassen Rosinen
1 Tasse Butter
1½ Tassen Zucker
3 Eier, geschlagen
1½ Tassen Milch
Staubzucker

Das Mehl, das Backpulver, den Zimt, die Gewürznelken und das Salz zusammen sieben. Die Rosinen beifügen. Den Zucker mit der weichen Butter zu Schaum schlagen, und nach und nach die trockenen Zutaten und die Milch beimischen. Die Masse in eine gefettete Form von 32×22×5 cm Grösse giessen und im Ofen, bei mittlerer Hitze, etwa 1 Stunde backen. Nach dem Erkalten, den Cake mit Staubzucker bestreuen und in Quadrate aufteilen.

ROSINEN-CAKE MIT OLIVENÖL
(Stafidopitta me ladi)

- 4 Tassen Mehl
- 5 Teelöffel Backpulver
- 1 Teelöffel «Doppelkohlensaures Natron»
- 1 Teelöffel Zimt-Pulver
- ½ Teelöffel Gewürznelken, gemahlen
- 1 Tasse Olivenöl
- 2 Tassen Zucker
- 2 Tassen Rosinen
- 1 Tasse Orangensaft oder Rotwein
- ½ Tasse Wasser
- ¼ Tasse Cognac
- Orangenschale, gerieben
- Staubzucker

Eine Form von 22×32×5 cm Grösse fetten und mit Mehl bestreuen. Das Mehl, das Backpulver, das «Doppelkohlensaure Natron», das Salz und die Gewürze zusammen sieben. Das Oel beigeben und gut verarbeiten. Den Zucker und die Rosinen beifügen. Gut mischen. Den Orangensaft, das Wasser, den Cognac und die Orangenschale dazu giessen und gut vermengen. Die Masse in die Form geben und im Ofen, bei mittlerer Hitze etwa 1 Stunde backen. Nach dem Erkalten, den Cake mit Staubzucker bestreuen und in Quadrate aufschneiden.

NUSS - KUCHEN
(Karydopitta)

3 Tassen gesiebtes Mehl
3 Teelöffel Backpulver
1 Tasse Butter
1 Tasse Zucker
4 Eier
$\frac{3}{4}$ Tasse Milch
1 Teelöffel geriebene
Orangenschale
1 Tasse Nuss-Kerne, gemahlen

Sirup:
2 Tassen Zucker
1 Tasse Wasser
Saft von $\frac{1}{2}$ Zitrone

Das Mehl mit dem Backpulver sieben. Die Butter mit dem Zukker vermischen, wenn möglich, mit dem elektrischen Schlagbesen (mittlerer Geschwindigkeit). Die Eier beifügen und die Masse schaumig schlagen. Den Mixer auf die kleinste Geschwindigkeit einstellen und nach und nach das Mehl, die Milch, die Orangenschale und die Nuss-Kerne dazu rühren.

Eine runde Form von 25×5 cm oder eine rechteckige Form von 32×22×5 cm Grösse, leicht fetten. Den Teig in die Form giessen und im Ofen, bei mässiger Hitze, etwa 1 Stunde backen. Erkalten.

Sirup: Den Zucker, das Wasser und den Zitronensaft 5 Minuten kochen und den Sirup heiss über den Kuchen giessen. Erkalten lassen und in Quadrate aufschneiden.

BISQUITS MIT SESAM-KERNEN GEFÜLLT AUS KRETA
(Kritika patudia)

¾ Tasse Olivenöl
4 Suppenlöffel warmes Mineralwasser
4 Suppenlöffel Orangensaft
Saft von 1 Zitrone
6 Suppenlöffel Zucker
4 Tassen Mehl
½ Teelöffel «Doppelkohlensaures Natron»
1 Teelöffel Salz

Zum Füllen:
1 Tasse Nüsse, gemahlen
1 Tasse Mandeln, gemahlen
1 Tasse Sesam-Kerne
1 Tasse Honig

*****

Orangenblütenwasser
Staubzucker

Das Olivenöl, das Wasser, den Orangensaft, den Zitronensaft und den Zucker vermischen. Das Mehl zusammen mit dem «Doppelkohlensauren Natron» und dem Salz sieben. Mit dieser Mischung, unter Beigabe der Flüssigkeit, einen weichen Teig zubereiten. Zudecken und auf einem mit Mehl bestäubten Brett 1 Stunde ruhen lassen. Auf eine Dicke von 6 mm auswallen und Quadrate von 7,5 cm ausschneiden. Alle Zutaten für die Füllung der Bisquits vermengen und von der Masse einen gehäuften Teelöffel auf die Mitte jedes Quadrates legen. Die Ränder befeuchten, zurückfalten und gegen die Mitte gut andrücken. Im Ofen, bei mässiger Hitze, etwa 25 Minuten backen.
Die noch warmen Bisquits mit Orangenblütenwasser begiessen und in Staubzucker wenden.

Oster - Zuckerbrot

OSTER - BISQUITS
(Koulourakia lambriatika)

½ Tasse Butter
1 Tasse Zucker
3 Eier
Zitronenschale, gerieben oder Vanille
½ Tasse Milch
7 Tassen Mehl vermischt mit Backpulver
1 Ei, geschlagen
Mandeln, geschält und länglich zerschnitten

Den Zucker mit der weichen Butter zu Schaum schlagen. Nach und nach die Eier dazu rühren und mit der Zitronenschale oder Vanille parfümieren. Die Milch und das Mehl beimischen und zu einem weichen Teig verarbeiten. Davon schmale, dünne Streifen von 40 cm Länge formen. Jeden Streifen einmal zusammenlegen, wenden und die beiden Enden zusammendrücken, um Ringe zu erhalten. Auf ein gefettetes Backblech legen, mit Ei bestreichen und mit Mandeln bestreuen. Im Ofen, bei mässiger Hitze, etwa 16-18 Minuten backen.

Mit Sesam-Kernen: Das vorangehende Rezept befolgen, jedoch die Bisquits mit Sesam-Kernen bestreuen.

OSTER - ZUCKERBROT
(Tsourekia)

3 Pakete trockene Bierhefe
oder 57 gr. frische Hefe
½ Tasse warmes Wasser
1 Tasse warme Milch
1 Teelöffel Zucker

10-11 Tassen Mehl
7 Eier
1½ Tassen Zucker
Zitronenschale, gerieben oder
1 Suppenlöffel Anis-Pulver
1 Tasse geschmolzene Butter

Die Hefe im warmen Wasser auflösen. Die Milch, 1 Teelöffel Zucker und 2 Tassen Mehl beifügen. Gut mischen und zugedeckt, an einem warmen Ort, 1 Stunde ruhen lassen.
Ein Gefäss über heissen Dampf stellen und darin die 6 Eier, den Zucker und die Zitronenschale schlagen. Den Rest vom Mehl dazu rühren. Auf einem mit Mehl bestäubten Brett den Teig verarbeiten, unter Zugabe der Butter. Wenn der Teig sehr glatt ist, diesen in ein grosses, bebuttertes Gefäss legen und leicht mit geschmolzener Butter bestreichen. Mit einem Tuch zugedeckt, an einen warmen Ort stellen und ruhen lassen, bis sich das Volumen verdoppelt hat, etwa 2 Stunden.
Den Teig zu einer Wurst von 2 cm Dicke drehen. Davon 30 cm lange Stücke abschneiden und diese zu einem losen Zopf flechten. Auf ein gefettetes Backblech legen und das Volumen nochmals verdoppeln lassen, was etwa 1 Stunde benötigt. Mit Ei bestreichen und im Ofen, bei mässiger Hitze, 25-30 Minuten backen.
Diese Zöpfe können auch zu Ringen geformt werden. In die Mitte ein hartgekochtes, rotes Ei legen. Mit Sesam-Kernen oder geschälten, fein zerschnittenen Mandeln, bestreuen.

TACHINI ODER FASTEN-KUCHEN MIT ERDNUSS-BUTTER
(Tachinopitta)

3 Tassen Mehl
3 Teelöffel Backpulver
1 Teelöffel Salz
1 Teelöffel «Doppelkohlensaures Natron»
1 Tasse Zucker
½ Tasse Nüsse, gehackt
½ Tasse getrocknete Smyrna-Trauben
Kandierte Orangenschale
1 Tasse Orangensaft
½ Tasse Wasser
1 Tasse tachini oder Erdnuss-Butter
Staubzucker

Das Mehl sieben, abmessen und die oben drei nachfolgenden Zutaten beimischen und nochmals sieben. Den Zucker und die Früchte beigeben. Den Orangensaft und das Wasser langsam der Erdnuss-Butter beimischen und gut vermengen. Das Mehl dazu geben und gut vermischen. Eine Form von 32×22 cm Grösse ölen und mit Pergament-Papier auslegen. Die Masse in die Form giessen und im Ofen, bei mittlerer Hitze, etwa 45 Minuten backen. Mit Staubzucker bestreuen.

VANILLE - BISQUITS
(Koulourakia vanilias)

4 Eier
1 Tasse Zucker
¾ Tasse Butter, erweicht
1 Teelöffel Vanille
4 Suppenlöffel Milch
etwa 4 Tassen Mehl mit Zugabe von Backpulver

2 Eier und 2 Eigelb mit dem Zucker schaumig schlagen. Löffelweise die Butter beifügen und 5 Minuten schlagen. Vanille dazu geben, sodann die Milch und das Mehl, unter fortwährendem

Rühren, beimischen. Den Teig von Hand verarbeiten, bis er glatt ist. 1 Stunde ruhen lassen.
Aus dem Teig kleine Ringe oder Fantasie-Formen erstellen. Diese, ziemlich weit von einander entfernt, auf ein bebuttertes Backblech legen. Mit zu Schnee geschlagenem Eiweiss bestreichen und mit Zucker bestreuen. Im Ofen, bei schwacher Hitze, etwa 18 Minuten backen.

Kleine Bittere Orangen in Sirup (Chinois)

15 EINGEMACHTES UND KONSERVEN

SÜSSE KLEINIGKEITEN (oft mit «Konserve» bezeichnet) (Glyka Koutaliou)

Bei diesen süssen Kleinigkeiten, die konserviert werden können, handelt es sich um eine griechische Spezialität. Sie werden den Gästen serviert, um die Gastfreundschaft zu betonen. Die Hausfrau oder deren Gehilfin, serviert sie in Kristall-oder Silberschalen, auf einem silbernen Tablett, mit einem Glas Wasser und einem Teelöffel. Der Gast isst das Konfekt mit dem Löffel, trinkt das Wasser und legt den Löffel in das Glass. Im Allgemeinen wird nachher ein kleines Glas Cognac oder Liquer und sodann türkischer Kaffee offeriert. Obschon sich diese Sitte in Athen und in den grossen Städten verliert, wird sie doch von allen Inselbewohnern und in den Dörfern beachtet.

AUBERGINEN-KONSERVE
(Melitsanaki glyko)

2¼ Pfund kleine Auberginen, etwa 50 Stück
3 Zitronen
ca. 50 Stück Mandeln, geschält
3 Tassen Wasser
½ Tasse Honig
1 Zimt-Stengel
5- ganze Gewürznelken

Die Auberginen schälen und einschneiden. Mit kaltem Wasser, unter Beigabe vom Saft von 2 Zitronen, bedecken und 1 Stunde darin ruhen lassen. Abtropfen und 15 Minuten, oder bis die Auberginen weich sind, kochen. Abtropfen lassen, nochmals mit kaltem Wasser bedecken und sie 2-3 Stunden darin einweichen, wobei das Wasser ein-oder zweimal erneuert wird. Abtropfen und auf ein Tuch legen. In den Einschnitt jeder Aubergine eine Mandel stecken.
Das Wasser mit dem Zucker zum Sieden bringen und die Auberginen darin 10 Minuten leicht kochen. Eine ganze Nacht in diesem Sirup liegen lassen. Am nächsten Tag einige Minuten kochen und sodann den Honig, den Saft von 1 Zitrone, den Zimt und die Gewürznelken beifügen. Leicht kochen lassen, bis der Sirup eingedickt ist. Der Sirup ist bereit, wenn ein Teelöffel davon, in einen Teller gegossen, sich nicht ausbreitet.

KANDIERTE BITTERE ORANGENSCHALEN
(Nerantsi glyko)

10 bittere Orangen mit dicker Schale
6 Tassen Zucker
2 Tassen Wasser
1 Zitrone
½ Tasse Glucose

Die Orangen abreiben und schälen. Die Schalen in 4 oder 6 Teile schneiden und diese eng aneinander rollen. Mit Nadel und

Faden ein Hütchen aus 18 Teilen formen und gut abbinden. In eine grosse Pfanne legen, mit kaltem Wasser bedecken und eine Nacht eingeweicht lassen. Abtropfen und frisches Wasser beifügen. Kochen lassen, bis die Schalen weich sind, indem das Wasser mindestens zweimel gewechselt wird, um den bitteren Geschmack zu entfernen. Abtropfen lassen und die Fäden wegnehmen.

Den Zucker mit dem Wasser einige Minuten kochen, die Orangenschalen beifügen und 15 Minuten kochen lassen. Vom Feuer nehmen und die Schalen in diesem Sirup eine Nacht ruhen lassen. Sodann mit einem Sieb aus der Pfanne nehmen und auf eine Platte legen. Den Sirup zum Sieden bringen und kochen, bis er eingedickt ist. Er ist bereit, wenn er sich von einem Löffel wie Gelee löst. Nun die Schalen, den Zitronensaft und die Glucose in den Sirup geben. Einige Minuten, oder bis sich der Sirup gut von einem Löffel löst, kochen.

KLEINES KONFEKT MIT TRAUBENSAFT
(Retseli)

1 Pfund Wassermelonen
1 Pfund Kürbis
2 Suppenlöffel Kalk
3 Liter Traubensaft, geklärt (siehe Rezept vom Pudding mit Traubensaft)

Die Wassermelone schälen, die rosafarbigen Teile entfernen und die Frucht in Würfel von 2,5 cm schneiden. Den Kürbis schälen und auf gleiche Weise aufteilen. Die Stücke in einer Lösung vom Kalk in 2 Litern Wasser eine Nacht eingeweicht lassen. Abtropfen und gut mit kaltem Wasser spülen. In eine grosse Pfanne geben, den Traubensaft beifügen und kochen, bis der Sirup sehr dick ist.

Man kann der Melone und dem Kürbis auch 1 Pfund geschälte

und in dicke Scheiben geschnittene Quitten beifügen. In diesem Fall 4½ Liter Traubensaft verwenden. Die Quitten dürfen nicht in der Kalklösung eingeweicht werden.

QUITTEN-KONFITÜRE
(Kidoni Glyko)

1½ Pfund Quitten
4 Tassen Wasser
3 Pfund Zucker
Saft von 1 Zitrone
1 Teelöffel Vanille
½ Tasse Mandeln, geschält und entzwei geschnitten

Die Quitten schälen und grob zerhacken. In eine grosse Pfanne legen, das Wasser dazu giessen und zugedeckt, bei schwacher Hitze kochen, bis sie weich sind. Den Zucker beifügen und unter Umrühren bei schwachem Feuer kochen, bis der Sirup eingedickt ist. Gegen Ende der Kochzeit den Zitronensaft und die Mandeln beigeben. Kochprobe: gemäss dem Rezept für Weichselkirschen-Konserve.

QUITTEN-PASTE
(Kidonopasta)

4 Pfund Quitten
4 Pfund Zucker
½ Tasse Mandeln, geschält
Cognac und Zucker

Die Quitten mit einem Tuch gut abreiben und weichkochen. Schälen und die Kerne entfernen. Das Quittenfleisch mit dem Zucker, unter ständigem Rühren mit einem Holzlöffel, kochen, bis die Masse dick ist. Wenn sie sich von der Pfanne lösen, sind sie bereit. Die Mandeln beifügen. Den Teig auf ein bebuttertes Blech legen und in einer Dicke von etwa 3 cm ausbreiten. Während einigen Tagen trocknen lassen. Die Paste mit dem Cognac bepinseln und mit Kristallzucker bestreuen. Davon Quadrate, Dreiecke oder Rechtecke ausschneiden und diese in einer hermetisch geschlossenen Büchse aufbewahren, wobei zwischen jede Schicht ein Pergament-Papier gelegt wird. Nach Belieben können einige Lorbeerblätter beigefügt werden.

KLEINE BITTERE ORANGEN (Chinois) IN SIRUP (Neransaki glyko)

50 kleine, nussgrosse Orangen	3 Pfund Zucker
1 Teelöffel Doppelkohlensaures Natron	2 Zitronen

In jeder Orange ein kleines Loch anbringen, z.B. unter Verwendung eines dicken Nagels, und die Kerne entfernen. Die Orangen während einer Nacht in kaltem Wasser einweichen, abtropfen lassen und mit frischem Wasser bedecken. Zum Sieden bringen und das Doppelkohlensaure Natron beifügen, damit die grüne Farbe erhalten bleibt. Kochen lassen, bis die Orangen weich sind. Abtropfen, mit frischem Wasser bedekken und 6 Tage ruhen lassen. Das Wasser zweimal pro Tag wechseln, um den bitteren Geschmack zu entfernen. Sodann abtropfen lassen.

Den Zucker mit 4 Tassen Wasser kochen. Diesen Sirup erkalten lassen und die Orangen beifügen. 10 Minuten kochen und die Früchte während einer Nacht darin ruhen lassen. Am nächsten Tag die Orangen mit einem Sieb aus dem Sirup nehmen. Den Sirup nochmals 15 Minuten kochen, abkühlen und die Orangen dazu geben. 24 Stunden ruhen lassen, den Zitronensaft dazu giessen und kochen, bis der Sirup eingedickt ist (er ist bereit, wenn sich bei der Kochprobe, ein Löffel Sirup, auf einen Teller gegossen, nicht ausbreitet). Erkalten lassen und in Gläser füllen.

Mann kann auch der Zitrone $\frac{1}{2}$ Tasse Glucose beifügen.

WEICHSELKIRSCHEN-KONSERVE

(Visino glyko)

2½ Pfund Weichselkirschen
2½ Pfund Zucker
2 Tassen Wasser
Saft von 1 grossen Zitrone

Die Kirschen waschen und die Steine sorgfältig entfernen, ohne die Früchte zu verletzen. Schichtenweise mit dem Zucker in eine Pfanne legen, das Wasser beifügen und 25 Minuten, unter öfterem Rühren, kochen. Abschäumen. Die Kirschen eine ganze Nacht im Sirup liegen lassen. Am nächsten Tag den Zitronensaft beigeben und kochen lassen, bis der Sirup eingedickt ist. Kochprobe: der Sirup ist bereit, wenn ein Löffel davon, auf einen Teller gegossen, sich nicht ausbreitet.

KIRSCHEN-SIRUP

(Visinada)

Das vorangehende Rezept befolgen, jedoch mit zusätzlicher Zugabe von 1 Pfund Zucker und 1½ Tassen Wasser. Den Sirup in Flaschen und die Früchte in Gläsern aufbewahren.
Zum Servieren : 2-3 Suppenlöffel Sirup in ein Glas mit Eiswasser geben.

KIRSCHEN-KONSERVE

(Kerasi glyko)

Gleiches Rezept wie für die Weichselkirschen-Konserve, wobei jedoch 2 Pfund Zucker und 1½ Tassen Wasser genügen.

TOMATEN - KONSERVE

2½ Pfund kleine längliche Tomaten
2 Pfund Zucker
½ Tasse Honig oder Glucose
Zitronenschale gerieben
Mandeln geschält

Die Tomaten überbrühen, abtropfen und schälen. Am unteren Teil einen kleinen Einschnitt anbringen und durch leichtes Andrükken den Saft und die Kerne entfernen. In Schichten mit dem Zucker in eine grosse Pfanne legen. Mit ½ Tasse Wasser begiessen und zugedeckt, eine Nacht ruhen lassen. Sodann die Tomaten mit einem Sieb heraus nehmen und den Sirup 15 Minuten kochen. Die Tomaten wieder in den Sirup geben und 3 Minuten kochen. 12 Stunden darin liegen lassen. Am nächsten Tag den Honig und die Zitronenschale beimischen und kochen, bis der Sirup eingedickt ist (Kochprobe wie bei den vorangehenden Rezepten). Erkalten lassen, Vanille beifügen und auf jede Tomate eine Mandel stecken.

GRIECHISCHER KAFFEE

Der griechische Kaffee ist in Griechenland ein sehr volkstümliches Getränk. Er wird zu allen Tages-und Nachtzeiten zu Hause, in den Büros oder im Café (Kafenion) getrunken. Er wird in einer Kupfer-Kanne (briki) zubereitet und serviert, die einen breiten Boden und eine enge obere Oeffnung hat, und die mit einem langen, geraden Stiel versehen ist. Es ist unerlässlich, dass die obere Oeffnung eng ist, damit der Kaffee rasch zum Sieden gelangt. Man verwendet zu feinen Pulver gemahlenen Kaffee, unter Beigabe von Zucker, je nach Belieben.
Der Kaffee wird auf verschiedene Arten serviert :

«Varis glykis»	stark und gut gezuckert
«Metrios»	halb-stark und wenig gezuckert
«Sketos»	ohne Zucker
«Glykis vrastos»	gut gezuckert und gekocht

Das Wasser wird mit einer kleinen Mokka-Tasse abgemessen, und zwar 1 Tasse Wasser für 1 Tasse gewünschten Kaffee. Das Wasser in die Kanne giessen und 1 Teelöffel Zucker pro Tasse beifügen und zum Sieden bringen und sodann 1 gehäuften Teelöffel griechisch gemahlenen Kaffee pro Tasse dazu geben. Kochen, bis der Kaffee zum Rand der Kanne aufsteigt und sofort servieren. Oder den Kaffee-Schaum sich wieder setzen lassen und aufkochen, und dieses Vorgehen ein-oder zweimal wiederholen. Zum Servieren : Es soll nur wenig Kaffee auf einmal in die Tassen gegossen werden, damit der Schaum gleichmässig verteilt wird.

INHALTS-VERZEICHNIS

Seite

Seite

Dieses Kochbuch der griechischen Küche enthält eine interessante Einführung über die «Griechische Küche». Es ist anzunehmen, dass die griechische Küche die erste war, welche verschiedene Verfahren verbesserte, um Fleisch und Fische zu kochen, und die auf den Gedanken kam, auch Gemüse beizufügen, — dies im Gegensatz zu dem früheren einfachen Braten des Fleisches auf offenem Feuer. Bereits in einem sehr frühen Zeitalter wurden die Speisen durch Beigabe verschiedener Brot-Sorten und mit Honig gesüssten Desserts bereichert und verbessert.

Schon zur Zeit des Alexander des Grossen wurde diese Küche zu einer Kunst entwickelt und die ersten Küchen-Chefs der Welt waren sehr begehrt und wurden ebenso geachtet, wie die damaligen Philosophen. Diese Köche waren sehr wahrscheinlich die ersten «Speise-Techniker». Es ist ihnen oft gelungen, den Geschmack der Speisen durch Zugabe von Gewürzen und durch ein gewisses Vorgehen so zu verändern, dass die Gäste bei Banketten alle Mühe hatten, zu erraten, ob sie nun Fisch, Geflügel, Fleisch oder einfach Kürbis assen.

Abgesehen davon, handelt es sich bei dem Buch hauptsächlich um ein Rezept-Buch. Der Verleger sagt uns, dass gute Kochbücher mit griechischen Rezepten, übersetzt in die englische Sprache, sehr selten sind. Der Autor dieses Buches ist bei den Radio-Hörern und den Zeitungs - und Kochzeitschriften - Lesern gut bekannt. Er hat die lokalen Spezialitäten seines Landes zusammengefasst, um diese einerseits dem englisch sprechenden Publikum, und andererseits allen Hausfrauen zugänglich zu machen, und zwar durch leicht ausführbare Rezepte.

Dies ist ein Erfolg, denn die Mass-Angaben wurden vereinfacht und die meisten Zutaten können in den modernen Super-Märkten bezogen werden, ausser einigen speziellen Fisch-Arten des Mittelländischen Meeres.

Sehr wahrscheinlich wird dieses Buch den modernen Speise-Spezialisten und denjenigen, die sich wissenschaftlich damit befassen, keinen grossen Dienst leisten. Hingegen finden die Oekonomisten für Haushaltfragen und alle Personen, welche sich speziell für typisch nationale Gerichte aller Länder interessieren sehr nützliche Rezepte.

Obschon das Kochbuch in Taschenbuch-Format herausgegeben wurde, enthält es interessante schwarz-weisse, sowie einige farbige Abbildungen.